natural flair

eco ARCHITECTURE

natural flair

MAISONS DE CAMPAGNE | LÄNDLICHE HÄUSER

evergreen

imprint

© 2008 EVERGREEN GmbH, Köln

Produced by fusion publishing gmbH, Stuttgart . Los Angeles
www.fusion-publishing.com

Editorial coordination: Haike Falkenberg
Collaboration: Viviana Guastalla, Manuela Roth
Design: Catinka Keul
Layout: Anke Scholz
Production: Jan Hausberg, Anke Scholz, Everbest Printing Co. Ltd -
www.everbest.com
Text: Elke Weiler
Copy-editing German: Sabine Scholz
French Translation: Céline Verschelde
English Translation: Conan Kirkpatrick

Printed in China
ISBN 978-3-8365-0822-3

contents / sommaire / inhalt

introduction

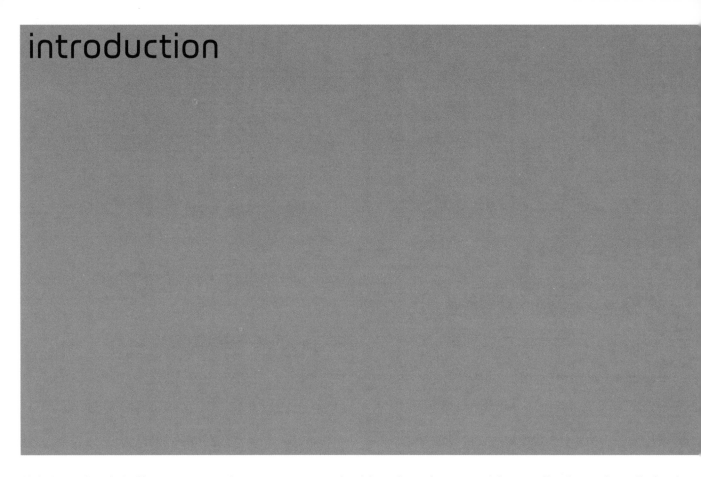

Global warming, dwindling resources and, as a consequence, the rising prices of raw materials, as well as increasing pollution, have all made us more aware of the environment and of our own health. In recent years, this has led to a growing interest in environmentally sound solutions in many areas of our lives. In the same vein, our interest in ecological architecture is growing, too. However, the widespread implementation of sustainable concepts has yet to take place in the building industry. The topicality of sustainable building methods is bound to remain unchanged until the day they become an accepted standard.

But what is it that makes a structure "green"? The use of passive and active solar energy, geothermal heat, the treatment of rain- and graywater, green roofs—there are countless possibilities. Establishing international organizations such as the World Green Building Council (WGBC) in Japan in 1998 can encourage individual countries to develop effective standards—except that the individual countries develop different approaches to the problem. Take Great Britain, for example, which founded Building Research Establishment Environmental Assessment Method (BREEAM) in the early 1990s in order to develop the first rating system for sustainable building. Germany joined the WGBC in 2008, although it has been implementing national guidelines for years. For instance, the German government used its "100,000-Roof Program" right up to mid-2003 for encouraging private households to install photovoltaic systems on their roofs.

Whereas Germany still shows great potential for the development of geothermics, the use of geothermal pumps is already more widespread in Sweden and Switzerland. In 1997, France introduced the Haute Qualité Environnementale (HQE), its guide to high-quality environmental standards, as a voluntary guideline for its architects and planners. It includes aspects of sustainability ranging from building design to the health of tenants. In Austria, the individual states rely on state-sponsored funding programs that follow ecological criteria.

Another way to promote environmentally friendly and pollutant-free buildings is to label materials. For example, "natureplus" is a European eco-label developed for building materials, approving concepts like ecologically sound paint and thermal hemp. Wood from sustainable silviculture receives its classification from the Forest Stewardship Council, an international, nonprofit organization that makes it easier for environmentally conscious planners to choose their materials.

Wood remains a very popular construction material, especially for structures in rural areas. Not only does this renewable resource blend in with natural environments, it also has a better thermal insulation value than that of more solid building materials, making it perfectly suitable for the central European climate. For one of many examples of wood construction, look no further than the "Low-Energy Hybrid 4" in Söcking, Germany (p. 186–193), and the harmonious way it was integrated into its surroundings.

Every climate, every environment and every budget comes with its own solution. The fact that it doesn't necessarily have to be wood is shown by John Hix's "La Casona" in Puerto Rico (p. 240–249), which was built with concrete in order to bolster the structure against hurricanes, or by the "House Faralló" (p. 210–221), built from locally sourced stone to ensure much-needed coolness during the summer in southern Spain.

Many people still think that sustainable building limits the possibilities of architecture. After seeing the objects presented in this book, however, you'll very likely come to a different conclusion: Taking an environmentally sound approach to architecture can translate into richness in form and expressiveness as well as the careful integration of a building into its surroundings. "Floating" designs such as the "Living Box" (p. 20–29) in Luzein, Switzerland, and extravagant forms like the "Sonndorf Residence" (p. 222–231) in Austria are possibilities. Not even a tight budget has to be a hindrance. If anything, it actually serves to inspire a true expert to transcend the ordinary, a fact evidenced by Frenchman Jean-Charles Liddell and his clever "MagicKub" (p. 194–201).

Each of the 28 structures featured in this book is presented by detailing its architectural nuances, its intended use and its integration into its surroundings. Rounding off each description, under the heading "Green Facts," is information pertaining to the methods of sustainability employed.

Many planners are apt to question the costs associated with sustainable building. In most places, larger investments, such as solar panels or geothermal probes, are made feasible by means of government-sponsored funding programs offering low interest rates. Another way these investments pay off is in the long-term, with reduced utility bills. Therefore, the main issue behind sustainable building doesn't really involve money. Rather, it involves keeping an open mind. In that respect, current standards, technologies and state-sponsored programs are already paving the way to a greener future.

introduction

Ces dernières années, une nouvelle prise de conscience des problèmes d'environnement et de santé, provoquée par le réchauffement climatique, la raréfaction des ressources, l'envolée du prix des matières premières et l'augmentation de l'exposition aux polluants, a provoqué un regain d'intérêt pour le respect de l'environnement dans de nombreux domaines, notamment le bâtiment. Cependant, la mise en œuvre de normes écologiques dans ce secteur n'est pas encore une réalité internationale, et l'écoconstruction ne perdra son caractère prioritaire que lorsqu'elle sera devenue un phénomène global.

Sur quoi peut-on se baser pour affirmer qu'un bâtiment est écologique ? Exploitation active et passive de l'énergie solaire, utilisation de la géothermie, traitement des « eaux grises » et de l'eau de pluie, végétalisation du toit — les critères sont en effet multiples. En 1998, la création au Japon du World Green Building Council (WGBC) avait pour objectif de promouvoir l'élaboration de normes internationales. Entre-temps, les approches ont évolué différemment selon les pays. La Grande-Bretagne a défini une norme en matière d'écoconstruction dès le début des années 90 (BREEAM, Building Research Establishment Environmental Assessment Method). L'Allemagne, membre du WGBC depuis 2008, a mis en place une réglementation nationale en la matière, et subventionné notamment les installations photovoltaïques sur les maisons particulières avec le programme « 100 000 toits », terminé à la mi-2003. La Suède et la Suisse utilisent déjà très largement la géothermie. En France, la norme HQE (Haute Qualité Environnementale) proposée aux architectes et maîtres d'ouvrage intègre le développement durable à la conception du bâtiment et vise à préserver la santé des utilisateurs. Quant à l'Autriche, elle tend à établir un lien entre les subventions à la construction et la prise en compte de critères écologiques.

L'étiquetage des matériaux ayant un rôle à jouer dans l'écoconstruction, un nouveau label écologique européen (Natureplus) est désormais disponible pour toute une gamme de produits, allant des peintures biologiques au chanvre thermo-isolant. Par ailleurs, un organisme international (Forest Stewardship Council) vérifie que la filière bois respecte les principes de développement durable.

Matière première renouvelable, le bois est un matériau de construction privilégié, notamment dans les zones rurales. Il s'intègre à merveille dans l'environnement naturel et présente d'excellentes propriétés isolantes qui le rendent bien adapté au climat d'Europe centrale. Parmi les nombreux exemples de bâtiments en bois, citons la « Low-Energy Hybrid 4 » à Söcking (p. 186-193), qui se fond dans le paysage. Il existe en fait une solution « écoconstruction » pour tous les climats, tous les environnements et tous les budgets,

comme le démontrent «La Casona» à Porto Rico (p. 240-249), bâtiment pour lequel John Hix a choisi le béton, capable de résister aux ouragans, ou encore la «House Faralló» (p. 210-221), maison en pierre de pays du sud de l'Espagne qui reste fraîche en été.

Nombreux sont ceux qui pensent encore que construire en tenant compte de l'écologie constitue un handicap pour l'architecture. Les bâtiments présentés dans cet ouvrage permettront au contraire d'entrevoir la richesse de l'écoconstruction, puisqu'il s'agit d'édifices caractérisés par une multitude de styles, une forte personnalité et une bonne intégration à leur environnement. Bâtiments en suspension dans l'air comme la «Living Box» (Suisse, p. 20-29) ou aux formes extravagantes comme la «Sonndorf Residence» (Autriche, p. 222-231) : rien n'est impossible à l'écoconstruction ! Et loin de constituer un obstacle, un petit budget semble au contraire encourager la réalisation de bâtiments exceptionnels, comme le prouve le «MagicKub» conçu par Jean-Charles Liddell (p. 194-201).

Chacun des 28 bâtiments présentés ici est décrit avec ses particularités architecturales, son type d'utilisation et son degré d'intégration dans le paysage. Les aspects écologiques sont détaillés dans la rubrique «Green Facts». En ce qui concerne le surcoût de l'écoconstruction – point crucial pour de nombreux maîtres d'ouvrage –, nous indiquons seulement que des crédits à faible taux d'intérêt sont disponibles dans de nombreux pays pour les équipements tels les panneaux solaires ou les sondes géothermiques, et que la réduction des factures d'électricité et de chauffage permet d'amortir rapidement ce type d'investissement.

Dès lors, l'écoconstruction est moins une question d'argent qu'une manière de concevoir le futur, et tout un ensemble de normes, de subventions et de nouvelles technologies ouvrent la voie à un avenir plus écologique.

einleitung

Ein neues Umwelt- und Gesundheitsbewusstsein, hervorgerufen durch die globale Klimaerwärmung, knapper werdende Ressourcen und dadurch immer teurer werdende Rohstoffe sowie die zunehmende Schadstoffbelastung, haben in den letzten Jahren zu einem gesteigerten Interesse an umweltverträglichen Lösungen in vielen Lebensbereichen geführt. So wächst auch die Nachfrage im Hinblick auf ökologisches Bauen. Zu einer breiten Umsetzung nachhaltiger Grundsätze im Bausektor ist es jedoch weltweit noch nicht gekommen. Das Thema „ökologisches Bauen" wird seine Aktualität erst einbüßen, wenn es zu einem Standard geworden ist.

Doch wann ist ein Gebäude grün? Passive und aktive Solarausbeute, Nutzung von Erdwärme, Regen- und Grauwasseraufbereitung, Dachbegrünung – es gibt unzählige Faktoren. Die Gründung einer länderübergreifenden Instanz wie dem World Green Building Council (WGBC) 1998 in Japan treibt seither die Erarbeitung von Standards in den einzelnen Staaten voran. Gleichwohl entwickelten sich die Ansätze in den einzelnen Ländern unterschiedlich, wie das Beispiel Großbritanniens zeigt, wo mit BREEAM (Building Research Establishment Environmental Assessment Method) Anfang der 1990er-Jahre der erste Katalog für ökologisches Bauen definiert wurde. Deutschland ist seit 2008 Mitglied des WGBC, tritt aber schon seit Jahren mit staatlichen Verordnungen hervor. Bis Mitte 2003 förderte die Regierung beispielsweise mit dem „100.000-Dächer-Programm" photovoltaische Anlagen auf Privathäusern.

Während Geothermie in Deutschland noch ein großes Entwicklungspotential hat, ist die Nutzung von Erdwärmepumpen in Schweden und in der Schweiz bereits stärker etabliert. In Frankreich wurde 1997 der HQE-Katalog (Haute Qualité Environnementale) als freiwilliger Leitfaden für Architekten und Bauherren eingeführt. Dabei reichen die Aspekte für Nachhaltigkeit vom entsprechenden Gebäudeentwurf bis zur Gesundheit der Nutzer. Österreichische Bundesländer tendieren zur Vergabe von Wohnbaufördermitteln, die an ökologische Kriterien gebunden sind.

Auch die Kennzeichnung von Materialien hilft umweltgerecht und schadstoffarm zu bauen. Mit „natureplus" wurde ein europäisches Öko-Label für Baustoffe entwickelt, gültig für Bio-Farben bis hin zu Thermo-Hanf. Holz aus nachhaltiger Forstwirtschaft wird von der internationalen, gemeinnützigen Organisation Forest Stewardship Council klassifiziert und erleichtert ökologisch orientierten Bauherren die Materialwahl.

Besonders bei Gebäuden in ländlichen Gegenden gilt Holz als bevorzugter Baustoff. Der nachwachsende Rohstoff passt nicht nur in das natürliche Umfeld, sondern verfügt auch über einen besseren Wärmedämmwert als ein Massivbau und ist daher gut geeignet für mitteleuropäische Klimazonen. Als eines der vielen Beispiele für den Holzbau sei das harmonisch in die Landschaft eingefügte „Low-Energy Hybrid 4" in Söcking (S.186-193) erwähnt.

Doch es gibt für jedes Klima, jede Umgebung und jedes Budget eine individuelle Lösung. Dass diese nicht grundsätzlich aus Holz sein muss, zeigen „La Casona" von John Hix in Puerto Rico (S. 240-249), wo die Wahl auf Beton fiel, um das Gebäude gegen Hurrikane stabil und sicher zu machen, oder „House Faralló" (S. 210-221), das mit lokalem Steinmaterial erbaut wurde und so die notwendige Kühlung für den südspanischen Sommer verspricht.

Viele denken immer noch, dass ökologische Zielsetzungen die Architektur einschränkten. Wer sich die hier präsentierten Objekte anschaut, kommt zu einem anderen Resultat: Formenreichtum, Ausdruckskraft und eine sensible Eingliederung vor Ort können das Ergebnis bauökologischen Handelns sein. „Schwebende", leichte Baukörper wie die schweizerische „Living Box" (S. 20-29) oder auch extravagante Formen wie bei „Sonndorf Residence" in Österreich (S. 222-231) sind möglich. Selbst kleine Budgets sind kein Hindernis und scheinen die Fachleute zu besonderer Leistung anzuspornen, wie der raffinierte „MagicKub" des Franzosen Jean-Charles Liddell (S. 194-201) beweist.

Jedes der 28 hier vorgestellten Gebäude wird zunächst mit seinen architektonischen Besonderheiten, seiner Nutzung und landschaftlichen Eingliederung präsentiert; im Anschluss werden unter den „Green Facts" die ökologischen Aspekte aufgezeigt.

Inwiefern ökologisches Bauen teurer sei, werden sich viele Bauherren fragen. Kostenintensivere Investitionen, etwa für Solaranlagen oder Erdwärmesonden, werden vielerorts durch zinsgünstige Förderkredite ermöglicht und amortisieren sich nach einiger Zeit durch reduzierte Strom- und Heizkostenrechnungen. Ökologisches Bauen ist also weniger eine Frage des Geldbeutels als der Einstellung, und heutige Standards, Techniken und Förderprogramme ebnen den Weg in eine grünere Zukunft.

brisbane sustainable home / australia

Architect: Bligh Voller Nield Architecture, Brisbane, Australia / www.bvn.com.au
Photos: David Sandison

On a gently sloping site, a show home of sustainable architecture—one intended for a large family—was constructed, a government project to promote public interest. In terms of style, the residence is indebted to the Queensland tradition, a colonial style featuring elements adapted to the tropical climate, like widely overhanging roofs for plenty of shade. Yet, it also boasts numerous additional elements, such as the upper clerestory, which contributes significantly to heating the house during the winter. Moreover, the alignment of the house provides for cross-ventilation in the summer by letting in a cool northeast breeze. The entrance to the house as well as all the doors and hallways are wheelchair-accessible.

C'est sur un terrain légèrement en pente qu'a été construite cette maison pilote de l'architecture durable de type « maison d'habitation pour famille nombreuse » : il s'agit d'une commande du gouvernement ayant pour objectif de stimuler l'intérêt du public. De par son style, le bâtiment s'inscrit dans la continuité de la tradition du Queensland, le style colonial offrant des éléments adaptés au climat tropical, notamment le long toit en saillie qui dispense de l'ombre. Cependant, la maison a également été dotée d'éléments qui s'en éloignent, comme la claire-voie supérieure qui permet principalement de faire circuler la chaleur en hiver. En été, la brise rafraîchissante du nord-est se révèle bénéfique grâce à l'orientation du bâtiment. L'accès à la maison, les portes et les couloirs sont accessibles aux handicapés.

Auf einem leicht ansteigenden Gelände entstand ein Modellhaus für nachhaltige Architektur vom Typ „Wohnhaus für eine größere Familie", ein Regierungsauftrag zur Förderung des öffentlichen Interesses. Stilistisch steht das Gebäude in der Queenslander Tradition, denn der koloniale Stil bietet an das tropische Klima angepasste Elemente, wie das weit vorkragende, schattenspendende Dach. Und doch weist es auch zahlreiche abweichende Elemente auf, wie den oberen Lichtgaden, der eine bedeutende Funktion im winterlichen Heizkreislauf hat. Im Sommer kann durch die Ausrichtung des Gebäudes die kühlende Nord-Ost-Brise eingefangen werden. Der Zugang zum Haus, Türen und Flure sind behindertengerecht gestaltet.

An open-plan, two-story design allows the owners to decorate their rooms any way they like. Folding doors serve as room dividers when needed.

Les propriétaires ont la possibilité d'agencer les pièces selon leurs besoins sur un plan ouvert s'étendant sur deux étages. Des portes en accordéon peuvent occasionnellement séparer les pièces.

Auf einem offenen, zweistöckigen Grundriss sollen die Besitzer ihre Räume nach Bedarf gestalten können. Falttüren können dabei zur Raumtrennung eingesetzt werden.

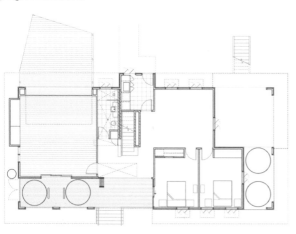

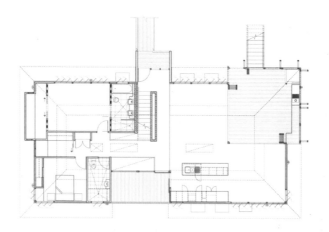

Ground floor   Rez-de-chaussée   Erdgeschoss

First floor   Premier étage   Erstes Obergeschoss

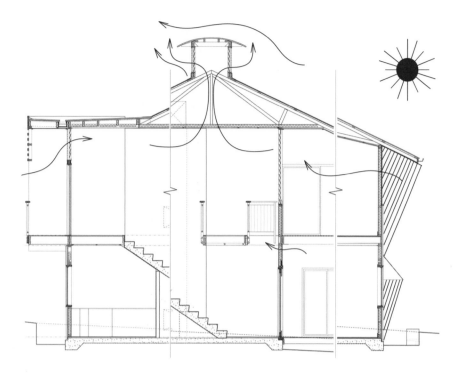

Ventilation diagram Diagramme de ventilation Lüftungsdiagramm

green facts

The eucalyptus trees surrounding the home serve as protection from the sun and simultaneously as insulation. Since humid climates make it essential to have a good ventilation system, the architects developed a clever, natural system with air shafts in the ceilings. During the summer, warm air is forced up and out of the building; during the winter, warm air is ventilated downward from the clerestory. Materials with excellent heat-retention properties, such as concrete and brick, contribute to the structure's energy efficiency. The domestic water comes from a rainwater recycling system, while gray water is used in the garden. Along with a solar hot water supply, energy generated by photovoltaic panels is used for the lighting.

Les eucalyptus qui entourent la maison la protègent du soleil et l'isolent à la fois. Étant donné qu'un système d'aération efficace est également indispensable en raison du climat humide, les architectes ont imaginé une ventilation naturelle astucieuse et ont encastré des couloirs d'aération dans les faux plafonds. En été, l'air chaud est repoussé vers le haut, tandis qu'en hiver, il est ventilé vers le bas à partir de la claire-voie. L'utilisation de matériaux résistant à la chaleur comme le béton, la brique ou la tuile vient peaufiner ce concept. L'eau domestique provient d'une installation de traitement de l'eau de pluie et le jardin est arrosé avec les eaux grises. L'installation solaire est destinée à la production d'eau chaude. L'électricité produite dans l'unité photovoltaïque est utilisée pour l'éclairage.

Die das Haus umgebenden Eukalyptusbäume dienen als Sonnenschutz und gleichzeitig der Isolierung. Da in einem feuchten Klima zudem auch ein gutes Belüftungssystem ausschlaggebend ist, entwickelten die Architekten eine ausgeklügelte natürliche Ventilation mit Lüftungsschächten in den Zwischendecken. Im Sommer wird die warme Luft nach oben hinausgedrückt; im Winter wird warme Luft aus dem Lichtgaden nach unten ventiliert. Wärmestabile Materialien wie Beton, Backstein und Ziegel unterstützen das Konzept. Das Haushaltswasser stammt aus einer Anlage zur Aufbereitung von Regenwasser; der Garten wird mit Grauwasser berieselt. Neben einer solaren Warmwassererzeugung wird photovoltaisch gewonnener Strom zur Beleuchtung eingesetzt.

living box luzein / switzerland

Architect: Architeam 4, Basel, Switzerland / www.livingbox.ch
Collaborator: Thomas Schnyder, Hanspeter Christen, Thomas Güntensperger
Photos: Tom Kawara

This structure, with its side-gabled roof and small base, almost seems to float weightlessly amidst the sparsely populated surrounding countryside, with its age-old trees. Resting on thin steel supports, the house nestles against the hill. The south side consists of a row of windows, whereas the north side with the staircase is virtually almost windowless in order to protect the house from the elements. Given the significance of Luzein as a historical town with beautiful buildings well worth preserving, the architect transformed the region's traditional stable-like wood structures into contemporary architecture that integrates into the residential area and landscape. The minimized ground floor with a guestroom and storage space for the building's services supports the upper level with its living space. Here a row of rooms opens out onto the fully glazed south façade and its balcony. The flat saddle roof extends beyond the house, shading the window front in the summertime.

Comme s'il était en état d'apesanteur, cet édifice en suspension et couronné d'une corniche s'intègre à merveille dans la zone bâtie végétalisée et dans le peuplement forestier du paysage. Porté par d'élégants piliers en acier, le bâtiment se blottit contre la colline. La façade sud est entièrement vitrée, contrairement au côté nord qui, donnant accès à l'escalier, est donc fermé pour protéger ce dernier des intempéries. Dans le but de respecter le style de la commune de Luzein, dont les maisons patriciennes sont classées monuments historiques, l'architecte a transformé la forme de l'étable typique de l'usage local en une architecture contemporaine s'intégrant parfaitement dans le lotissement et le paysage. La barrette supérieure, qui correspond au niveau d'habitation, a été aménagée sur un rez-de-chaussée minimaliste comprenant une chambre d'amis et l'installation domotique. Les pièces sont alignées, l'une après l'autre, jusqu'à la façade sud vitrée, ouverte sur un balcon. Le toit plat en pente déborde sur les côtés et offre de l'ombre sur la façade vitrée en été.

Schwerelos fügt sich der schwebende, traufständige Baukörper in die lockere Bebauung und das Landschaftsbild mit altem Baumbestand ein. Getragen von feinen Stahlstützen schmiegt sich das Gebäude an den Hang. Die Südseite ist durchgängig befenstert, die Nordseite mit dem Treppenzugang hingegen aus Witterungsgründen fast geschlossen. Im Hinblick auf die Bedeutung Luzeins als schützenswerten Ort mit Patrizierhäusern transformierte der Architekt die ortsübliche Stallform in zeitgemäße Architektur, die sich in die Siedlung und die Landschaft einfügt. Über dem minimalisierten Erdgeschoss mit Gästezimmer und Haustechnikschrank liegt der Riegel mit der Wohnebene. Hier reihen sich die Räume linear zur offenen Südfassade und dem Balkon hintereinander. Das flache Satteldach kragt über die Seiten vor und verschattet die Fensterfront im Sommer.

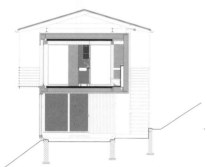

Cross section   Section transversale   Querschnitt

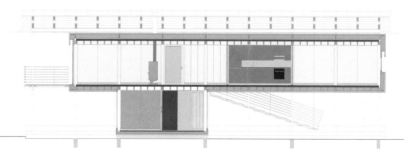

Longitudinal section   Section longitudinale   Längsschnitt

e light-colored spruce cladding and the shape of the base lend a certain
eightlessness to the house, which is sited on a slope.

enveloppe en bois d'épicéa clair contribue, avec le socle de façade, à mettre
n valeur la légèreté de l'édifice construit en pente.

ie Verschalung aus hellem Fichtenholz trägt neben der Sockelausbildung zur
eichtigkeit der am Hang gelegenen Architektur bei.

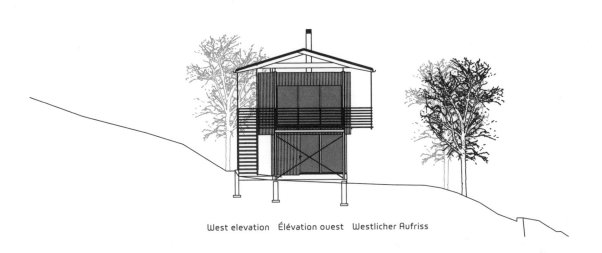

West elevation   Élévation ouest   Westlicher Aufriss

green facts

Elevating the house meant that the hillside has remained virtually intact, while planting additional fruit trees helped fill in the old,
sparsely planted orchard. In the wintertime, this passive solar house draws most of its heat from its window front to the south,
as it can absorb sunlight entering at a low angle. The ceilings and floors of the house retain the solar heat in their wood-concrete
composite panels much like a tiled wood stove does. In addition, a micro heating pump supplies hot water, heating the bathrooms
as needed. The living room also features a wood stove for even more warmth. The well-insulated cladding throughout the house was
enhanced with a cellulose insulation layer made of recycled paper.

L'architecte a préféré surélever le bâtiment afin de dégrader le moins possible le terrain disponible et a fait planter de nouveaux
arbres fruitiers à tronc haut afin de redonner vie à l'ancien verger qui ne comptait presque plus d'arbres. La maison passive est
chauffée en hiver principalement par la paroi sud vitrée, car les rayons bas du soleil peuvent être absorbés dans la maison : tel un
poêle de faïence, le plafond et le sol stockent la chaleur du soleil dans les panneaux composites en bois et en béton. Par ailleurs,
une très petite pompe à chaleur permet de produire de l'eau chaude et chauffe les salles de bain si nécessaire. La salle de séjour
a également été dotée d'un poêle à bois. L'enveloppe de la maison bénéficie d'une isolation performante sur toute la surface avec
une couche isolante en cellulose (papier recyclé).

Das Höherlegen des Gebäudes reduzierte den Eingriff in das Gelände auf ein Minimum, und durch das zusätzliche Anpflanzen von
Hochstämmen wurde der alte, ausgedünnte Obstgarten aufgefüllt. Das Passivhaus heizt sich im Winter im Wesentlichen durch die
südliche Fensterwand auf, denn die flach einfallende Sonneneinstrahlung kann im Haus absorbiert werden: Decke und Boden spei-
chern die Sonnenwärme in ihren Holz-Beton-Verbundplatten wie ein Kachelofen. Zusätzlich sorgt eine Kleinstwärmepumpe für die
Warmwasserbereitung und beheizt bei Bedarf die Bäder. Im Hauptwohnraum kann darüber hinaus ein Holzofen befeuert werden.
Die durchgängig hochgradig isolierte Verschalung des Hauses profitiert von einer Zellulose-Dämmschicht aus Altpapier.

foothills / new zealand

Architect: SGA (Strachan Group Architects) - Dave Strachan, Martin Varney, Pat de Pont, Auckland, New Zealand / www.sgaltd.co.nz
Photos: Patrick Reynolds

The shape of the residence follows that of the landscape—the reinforced-steel, yet lightweight roofs of the two hall-like structures reiterate the slope of the hill on which the residence was built. With its distinct northeast axis and horizontal window fronts, the complex opens up on the rural Waikato region, permitting 180-degree views of the bush reserve. The architects gave this country residence a distinctly flat shape in order to protect it as far as possible from the often bracing winds of this region. A covered interior courtyard serves to link the various parts of the residence. Inside is outside, outside is inside: This is expressed in the transparent design and in the materials that were used, such as the stone-lined walls leading from the entrance to the foyer.

La forme du bâtiment s'inspire de celle du paysage : légères et renforcées avec de l'acier, les toitures des deux maisons en forme de halles épousent l'inclinaison de la colline sur laquelle elles ont été bâties. Volontairement orienté nord-est et doté de rangées de fenêtres horizontales, le complexe s'ouvre sur la région rurale de Waikato et offre un panorama à 180° sur la réserve et sa brousse. En optant pour un profil de maison de campagne particulièrement plat, les architectes ont voulu réduire la prise au vent, la région étant souvent la proie de violentes bourrasques. Une cour intérieure couverte sert de maillon entre les différentes parties du bâtiment. L'intérieur est à l'extérieur, l'extérieur est à l'intérieur, comme le prouvent la transparence du bâtiment et les matériaux utilisés. Dans l'entrée par exemple, des murs habillés de pierres de parement mènent au foyer.

Die Form des Gebäudes folgt der Landschaft: Stahlverstärkte, leichtgewichtige Dachschirme zweier hallenförmiger Baukörper wiederholen die Neigung des Hügels, auf dem es errichtet wurde. Mit klarer Nord-Ost-Achse und horizontalen Fensterfronten öffnet sich der Komplex zum ländlichen Waikato-Gebiet und ermöglicht 180°-Ausblicke auf das Buschreservat. Durch das betont flache Profil des Landhauses wollen die Architekten die Angriffsfläche für die oft rauen Winde der Gegend verringern. Ein überdachter Innenhof dient als Bindeglied zwischen den Gebäudeteilen. Innen ist außen, außen ist innen – das bezeugen Transparenz sowie Materialeinsatz. So leiten beispielsweise im Eingangsbereich steinverkleidete Wände zum Foyer hin.

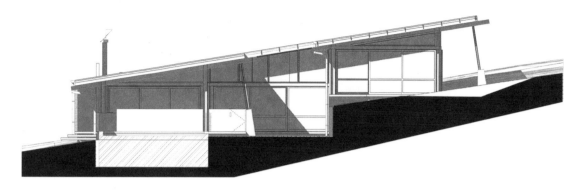

North elevation   Élévation nord   Nördlicher Aufriss

e high degree of transparency of this residence and its use of passive solar
ergy virtually obviate the need for artificial heating. Only in the winter does
wood-burning unit serve as an additional source of heat.

uasiment aucun système de chauffage artificiel n'est nécessaire en raison
e la transparence du bâtiment et de l'utilisation solaire passive qui en
sulte. En hiver seulement, une unité de chauffage au bois sert de source de
aleur supplémentaire.

urch die hohe Transparenz des Gebäudes und der daraus resultierenden
assiven Solarnutzung ist eine künstliche Beheizung kaum notwendig. Nur im
inter dient eine Holzverbrennungsanlage als zusätzliche Wärmequelle.

In the north, the roof extends across a small, open lounge, linking the kitchen and pool area. From this point, a narrow ribbon glazing runs the entire length of the house's east side to present a panoramic view across the plains of the Whangamarino Wetlands.

Au nord, le toit s'avance au-dessus d'un endroit où l'on peut s'asseoir, créant un lien entre la cuisine et la piscine. Sur la façade est, une rangée de fenêtres étroite et ininterrompue offre une vue panoramique sur la plaine des Whanga-marino Wetlands.

Im Norden verlängert sich das Dach über einen offenen Sitzplatz, der eine Verbindung zwischen Küche und Poolbereich bildet. Ein auf der gesamten Ostseite des Gebäudes bis hierhin durchlaufendes, schmales Fensterband erlaubt wundervolle Ausblicke auf die ausgedehnte Ebene der Whangamarino Wetlands.

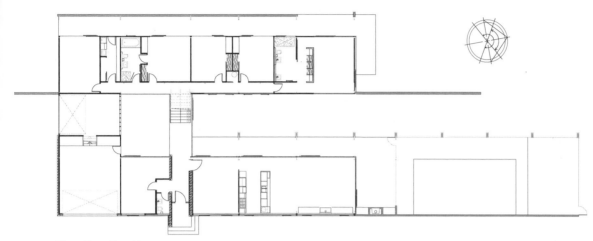

Plan Plan Grundriss

green facts

The transparent design of this house supports the use of passive solar energy. The slope of its monopitch roof and heat-retaining concrete slabs optimize the use of solar energy in the winter, while overhanging eaves prevent overheating in the summer. Glass louvers above the inside doors enhance cross ventilation and cooling. FSC-certified cedar wood from sustainable silviculture lines the walls. To protect the environment, water-based paints and surface finishes were employed. Eighty percent of the glass-fiber insulation is made of recycled glass. The garden is watered solely with rainwater collected there.

Grâce à la transparence du bâtiment, la chaleur solaire peut être utilisée passivement : l'inclinaison du toit en appentis et les plaques de béton à accumulation de chaleur permettent de récupérer le maximum d'énergie solaire en hiver. Les gouttières très en saillie évitent que le soleil ne réchauffe trop la maison en été. Les fentes d'aération en verre situées au-dessus des portes intérieures optimisent la ventilation croisée et contribuent à rafraîchir la maison. On a privilégié le bois de cèdre certifié FSC (Forest Stewardship council), issu de la sylviculture durable, pour l'habillage. Dans un souci de protection de l'environnement, ce sont des peintures et des vitrifiants à l'eau qui constituent le revêtement des surfaces. L'isolation en fibres de verre se compose à 80 pour cent de verre recyclé. Pour arroser leur jardin, les habitants se servent uniquement de l'eau de pluie récupérée.

Mithilfe der transparenten Bauweise wird Solarwärme passiv genutzt: Durch die Neigung des Pultdachs und wärmespeichernde Betonplatten kann im Winter eine optimale Solarausbeute erzielt werden. Weit überhängende Dachtraufen schützen vor zu starker Erwärmung im Sommer. Lüftungsschlitze aus Glas über den Innentüren unterstützen die Kreuzventilation und Kühlung. FSC-zertifiziertes Zedernholz aus nachhaltiger Forstwirtschaft dient der Verkleidung. Zum Schutz der Umwelt wurden wasserbasierte Farben und Oberflächen-Versiegelungen verwendet. Die Glasfaserisolierung besteht zu 80 Prozent aus recyceltem Glas. Für die Gartenbewässerung wird ausschließlich gespeichertes Regenwasser verwendet.

parsons residence / usa

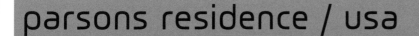

Architect: Travis Price Architects, Washington D.C., USA / www.travispricearchitects.com
Photos: Kenneth M. Wyner

Inspired by the vast, rolling hills of West Virginia, the architect used a generous ground plan to create a structure with a dominant, convex roof. In honor of the owners' Celtic roots, its semi-crescent shape symbolizes the course of the sun and moon, with the silver steel frame recalling the light of the moon. A pointed clerestory in the shape of a sail cuts through the center of the frame. The single-story residence was designed completely free of barriers. Large window fronts to the south bring the surrounding countryside inside. A hill to the north offers protection against winter winds. The materials employed are particularly durable, such as granite, copper and steel.

S'inspirant du paysage collinaire de l'ouest de la Virginie, qui semble s'étendre à l'infini, l'architecte a construit un édifice qui repose sur un vaste plan et qui est surmonté d'un toit très convexe. En référence aux racines celtes des habitants, le demi-cercle est censé évoquer la course du soleil et de la lune, alors que l'enveloppe en acier rappelle l'éclat de la lune. Une claire-voie pointue en forme de voile traverse le corps du bâtiment en son milieu. La maison, qui n'a qu'un seul niveau, ne dresse aucun obstacle à ses occupants. De grandes surfaces vitrées orientées sud permettent au paysage de pénétrer à l'intérieur de l'habitation. Au nord, une butte protège le bâtiment des vents hivernaux. Parallèlement au granit, l'architecte a opté pour des matériaux particulièrement résistants comme le cuivre et l'acier.

Von der weiten, wellenförmigen Hügellandschaft West Virginias inspiriert, schuf der Architekt auf großzügigem Grundriss ein Bauwerk mit einem dominant konvex gebogenen Dach. Angeregt durch die keltischen Wurzeln der Bewohner soll das Halbrund auf den Lauf von Sonne und Mond verweisen, wobei seine silberne Stahlhülle an den Glanz des Mondes erinnert. Ein spitzer Lichtgaden in der Form eines Segels durchschneidet den Körper in der Mitte. Das nur eingeschossige Haus ist für seine Bewohner komplett barrierefrei ausgestattet. Große Fensterfronten gen Süden integrieren die Landschaft nach innen. Im Norden schützt eine Anhöhe vor winterlichen Winden. Neben Granit wurden die besonders haltbaren Materialien Kupfer und Stahl ausgewählt.

The solid internal and external walls are made of granite blocks measuring 60 cm (24 in) in length. With this unique approach to the architecture and the choice of materials, the owners wished to celebrate their Celtic roots.

Des blocs de granit de soixante centimètres de long forment les murs intérieurs et extérieurs massifs. Avec cette architecture spéciale et le choix des matériaux, les propriétaires ont voulu souligner leurs racines celtes.

60 cm lange Granitquader bilden die massiven Innen- und Außenwände. Mit der speziellen Architektur und Materialwahl wollen die Bauherren ihre keltischen Wurzeln betonen.

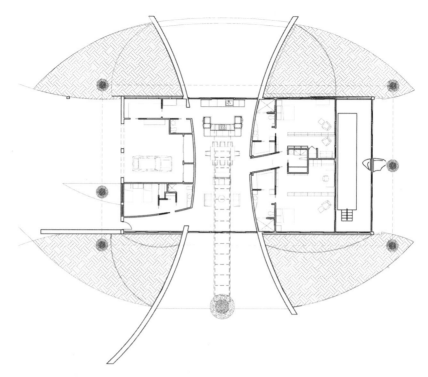

Plan Plan Grundriss

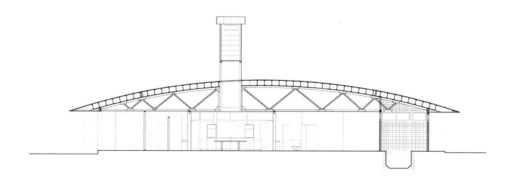

Cross section Section transversale Querschnitt

The most prominent feature of the architecture is the copper-clad, sail-shaped clerestory cutting through the building in a north-south direction.

En forme de voile, la claire-voie est l'élément déterminant de l'architecture : habillée de cuivre et orientée nord-sud, elle crée une coupure dans le volume imposant de l'édifice.

Als bestimmendes Element der Architektur tritt der kupferverkleidete, das Volumen durchbrechende, segelförmige Lichtgaden in Nord-Süd-Ausrichtung hervor.

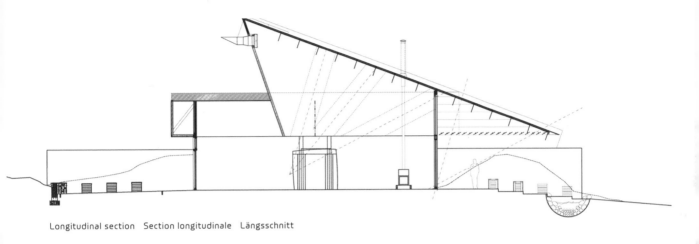

Longitudinal section   Section longitudinale   Längsschnitt

green facts

Large, highly insulated glass fronts to the south render passive heating in the winter possible. The skylight admits sunlight and heat right into the core of the sprawling residence. A sophisticated cross-ventilation system using small sliding windows helps keep the residence cool—especially at night. The entire structure is perfectly insulated and the use of plywood boards in the interior delivers a maximum of warmth with a minimum use of wood. The cupboards are made solely of classified eco-wood. A graywater treatment system helps reduce the consumption of water.

Côté sud, d'immenses vitrages isolés contribuent à réchauffer passivement la maison en hiver. La lumière du soleil et la chaleur pénètrent par l'imposte pour accéder au cœur du bâtiment, lequel a été conçu sur une grande largeur. L'astucieuse ventilation croisée, réalisée avec de petites fenêtres coulissantes, permet de rafraîchir efficacement le bâtiment, notamment la nuit. L'ensemble de la maison est isolé de manière optimale ; l'utilisation de panneaux en contreplaqué à l'intérieur procure une chaleur maximale avec une consommation minimale de bois. Pour les placards, seul du bois classé « écologique » a été utilisé. Une installation de traitement des eaux grises contribue à réduire la consommation d'eau.

Hochisolierte, große Glasfenster im Süden sorgen für eine passive Erwärmung im Winter. Durch das Oberlicht dringen Sonnenlicht und Wärme bis in den Kern des breit angelegten Gebäudes. Mithilfe ausgeklügelter Kreuzventilation durch kleine Schiebefenster wird das Gebäude – besonders nachts – effektiv abgekühlt. Das gesamte Haus ist optimal isoliert; der Einsatz von Sperrholzplatten im Innenbereich schafft maximale Wärme bei minimalem Holzverbrauch. Für die Schränke wurde nur klassifiziertes Öko-Holz verwendet. Eine Anlage zur Grauwasseraufbereitung hilft, den Wasserverbrauch zu reduzieren.

warren skaaren environmental learning center / usa

Architect: Jackson & McElhaney Architects, Austin, Texas, USA / www.jacksonmcelhaney.com
Photos: Casey Dunn, Greg Hursley, Paul Bradagjy courtesy Robert Jackson

It all began when a nonprofit organization commissioned an environmental learning center to be built at the Westcave Preserve, in the Texas Hill Country, for school classes and interested visitors alike. The structure marks the boundary between two ecosystems—rocky plateaus and a canyon with meadows and a waterfall—and the entrance to protected paths through the preserve. The result was the construction of a humble, open and flexible structure, a "classroom in the wilderness"—itself a worthy sight to behold on account of its numerous ecological details. Low stone pylons punctuate the elongated ground-level structure, lending it an archaic touch. In contrast, a steel roof construction spans the building like some futuristic, organic skeleton. Its north and south façades form glass entrance areas and, together with the clerestory, admit abundant sunlight into the building.

À la demande d'une société à but non lucratif, un centre d'apprentissage environnemental a été créé dans la zone protégée du Westcave pour les scolaires et les visiteurs intéressés. Le bâtiment trace une frontière entre deux écosystèmes (le haut plateau rocheux ainsi que les gorges et les cascades dans un paysage de plaines) et le départ de sentiers protégés permettant de découvrir le site. La structure est simple, ouverte et flexible. Cette « salle de classe dans la nature à l'état sauvage » est tout aussi digne d'intérêt, car elle présente de nombreux détails écologiques. Des pylônes en pierre de faible hauteur rythment le bâtiment de plain-pied construit tout en longueur et lui confèrent une note archaïque. En revanche, la toiture en acier s'étend sur le bâtiment comme une ossature futuriste et organique. La façade nord et la façade sud créent des halls d'entrée vitrés et permettent, grâce à la claire-voie, au soleil de pénétrer abondamment dans le bâtiment.

Im Westcave-Naturschutzgebiet entstand im Auftrag einer gemeinnützigen Gesellschaft ein Umwelt-Lernzentrum für Schulklassen und interessierte Besucher. Das Gebäude markiert die Grenze zwischen zwei Ökosystemen – felsigem Hochland und einer Schlucht mit Auenlandschaft und Wasserfall – und dem Eingang zu geschützten Pfaden durch das Gelände. Eine schlichte, offene und flexible Struktur wurde errichtet, ein „Klassenzimmer in der Wildnis" – selbst Anschauungsobjekt mit seinen vielen ökologischen Details. Niedrige Steinpylone rhythmisieren den ebenerdigen, lang gestreckten Körper und verleihen ihm eine archaische Note. Im Gegensatz dazu spannt sich die stählerne Dachkonstruktion wie ein futuristisches, organisches Gerippe über den Bau. Nord- und Südfassade bilden verglaste Eingangsbereiche und lassen zusammen mit dem Lichtgaden reichlich Sonne in das Gebäude.

The widely overhanging roof protects the building and its visitors from the sun and rain while creating a covered patio in the entrance area.

Le toit en saillie protège le bâtiment et les visiteurs aussi bien de la pluie que du soleil et crée un patio dans l'entrée.

Das weit vorkragende Dach schützt Gebäude und Besucher vor Sonne wie Regen und lässt im Eingangsbereich einen Patio entstehen.

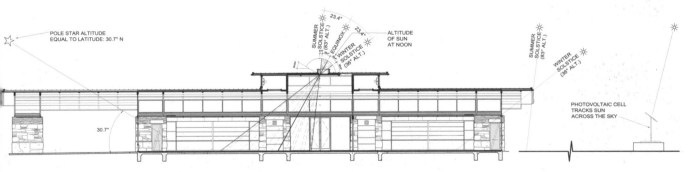

POLE STAR ALTITUDE
EQUAL TO LATITUDE: 30.7° N

23.4°
SUMMER
SOLSTICE
(83° ALT.)
23.4°
EQUINOX
WINTER
SOLSTICE
(36° ALT.)

ALTITUDE
OF SUN
AT NOON

SUMMER
SOLSTICE
(83° ALT.)
WINTER
SOLSTICE
(36° ALT.)

30.7°

PHOTOVOLTAIC CELL
TRACKS SUN
ACROSS THE SKY

Longitudinal section   Section longitudinale   Längsschnitt

Not only is the emission-free terrazzo floor very attractive, it is also durable, which is important when considering the building's large number of visitors.

Le sol en terrazzo, sans émissions nocives, est non seulement représentatif, mais a une très longue durée de vie, ce qui se révèle rentable en cas d'utilisation importante du bâtiment.

Der emissionsfreie Terrazzoboden ist nicht nur repräsentativ, sondern auch von langer Lebensdauer, was sich bei der starken Nutzung des Gebäudes auszahlt.

The axis of the structure is aligned to the rotation of the earth, allowing the position of the sun to be traced from a central point within the building during its daily and yearly course.

L'axe du bâtiment a été érigé sur l'axe de rotation de la Terre : au centre, un point permet de déterminer la position du soleil selon la période de la journée et de l'année.

Die Gebäudeachse wurde in Anlehnung an die Rotation der Erde errichtet, so dass an einem zentralen Punkt innerhalb des Gebäudes der Sonnenstand in seinem Tages- und Jahresverlauf nachvollzogen werden kann.

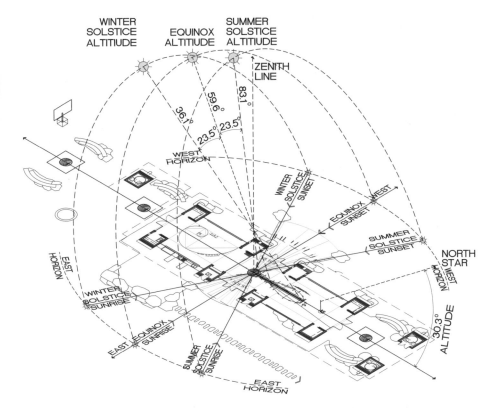

WINTER SOLSTICE ALTITIUDE EQUINOX ALTITIUDE SUMMER SOLSTICE ALTITIUDE

ZENITH LINE

83.1°

59.6°

36.1°

23.5° 23.5°

WEST HORIZON

WINTER SOLSTICE SUNSET

EQUINOX SUNSET WEST

SUMMER SOLSTICE SUNSET

NORTH STAR

WEST HORIZON

EAST HORIZON

WINTER SOLSTICE SUNRISE

EQUINOX SUNRISE EAST

SUMMER SOLSTICE SUNRISE

EAST HORIZON

30.3° ALTITUDE

Plan with position of the sun   Plan avec position du soleil   Grundriss mit Sonnenständen

green facts

The architects chose the preserve's only exposed plot of land in order to minimize the impact on the natural environment. Their plans called for a zero-energy building—a photovoltaic system for providing power and geothermal pumps for the heating and cooling system. These elements were to be coupled with the use of passive solar energy, a natural ventilation system and ceiling fans. Rainwater is collected in three cisterns and filtered at different levels. Ecology is in the details, too, such as in composting toilets and locally sourced building materials like Texas Glen Rose Limestone and pinewood. All materials were left untreated, except for the recycled steel, which received pollutant-free sealing.

Les architectes ont choisi le seul endroit dégagé du terrain afin de ne pas être contraints de détruire le paysage. Leur objectif était de construire une maison «zéro énergie»: une installation photovoltaïque sert à produire de l'électricité et des pompes à chaleur géothermiques alimentent le système de chauffage et de refroidissement. Sans oublier l'utilisation passive de l'énergie solaire, un système d'aération naturel et des ventilateurs au plafond. L'eau de pluie est récupérée dans trois citernes et filtrée pour différents types d'utilisation. Même les détails sont écologiques: toilettes à compost, matériaux de construction d'origine locale comme le calcaire texan de Glenrose et le bois de pin. Tous les matériaux sont à l'état naturel; seul l'acier recyclé a été vitrifié avec un produit non nocif.

Man wählte die einzige offene Stelle des Geländes, um keine großen Eingriffe in die Landschaft vornehmen zu müssen. Die Architekten visierten ein Nullenergiehaus an: Eine Photovoltaikanlage dient der Stromgewinnung, Erdwärmepumpen speisen das Heiz- und Kühlsystem – unterstützt von passiver Gewinnung von Solarenergie, einem natürlichen Lüftungssystem und Deckenventilatoren. Regenwasser wird in drei Zisternen gesammelt und auf unterschiedlichen Ebenen gefiltert. Auch die Details sind ökologisch: Komposttoiletten, Baumaterialien lokaler Herkunft wie texanischer Glenrose-Kalkstein und Kiefernholz. Alle Materialien blieben unbehandelt; nur der recycelte Stahl erhielt eine schadstoffarme Versiegelung.

treehouse / usa

Architect: Sander Architects LLC, Los Angeles, California, USA / www.sander-architects.com
Photos: Sharon Risedorph Photography

This architect delighted his sister by building her a home amidst century-old trees on a small piece of land encircled by a stream. The small lot, the risk of flooding as well as the existing trees necessitated a vertical structure. The main living space is on the second floor of the three-story house. Whereas horizontal window openings in the façade afford individual, select views of the outside, the double-height glass front of the living room opens up the structure with an unobstructed view of the surrounding forest. Together, the raised deck, the prominent projection and the spiral staircase, which links the ground-level patio, first-floor deck and rooftop terrace, form a dynamic diagonal. A trio of trees surrounds the ground-level deck, where an external flight of stairs is mounted onto the façade, span the stream and lead to the main entrance.

L'architecte a érigé pour sa sœur une maison d'habitation au milieu d'arbres multiséculaires, sur un petit terrain entouré par une rivière. La surface disponible réduite, le risque d'inondation et le peuplement forestier l'ont obligé à opter pour une construction verticale. Les pièces de séjour principales sont situées au deuxième étage de la maison qui en compte trois au total. Alors que les ouvertures horizontales pratiquées sur les façades pour les fenêtres ne ménagent que des vues isolées et limitées, la façade en verre sur deux étages de la salle de séjour agrandit le volume et offre un panorama continu. La terrasse avancée, le chaperon et l'escalier en spirale qui relie le rez-de-chaussée, la terrasse et l'étage panoramique supérieur font ressortir une dynamique diagonale. Un trio d'arbres enserre la plate-forme inférieure : l'escalier, détaché de la façade, surplombe le ruisseau et mène jusqu'à l'entrée principale.

Für seine Schwester errichtete der Architekt ein Wohnhaus inmitten jahrhundertealter Bäume auf einem kleinen, von einem Fluss umgebenen Gelände. Die geringe verfügbare Fläche, die Überschwemmungsgefahr und der Baumbestand erforderten einen vertikalen Baukörper. Die Hauptwohnräume liegen im zweiten Stock des dreigeschossigen Hauses. Während horizontale Fenstereinschnitte an den Fassaden nur einzelne, gezielte Ausblicke frei geben, reißt die doppelstöckige Glasfront im Wohnzimmer das Volumen auf und ermöglicht eine ungehinderte Aussicht. Zusammen mit einer vorgelagerten Terrasse, einem bekrönenden Bügel und einer Spiraltreppe, die Boden, Terrasse und die obere Aussichtsetage miteinander verbindet, entwickelt sich eine diagonale Dynamik. Ein Baum-Trio umfasst die untere Plattform, von der eine von der Fassade losgelöste Treppe über den Bach zum Haupteingang hinaufführt.

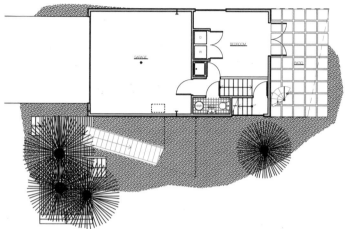

Ground floor   Rez-de-chaussée   Erdgeschoss

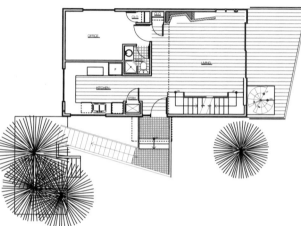

First floor   Premier étage   Erstes Obergeschoss

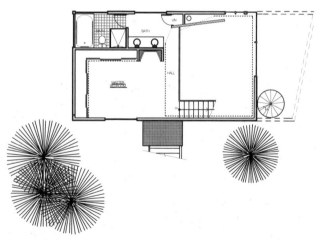

Second floor   Deuxième étage   Zweites Obergeschoss

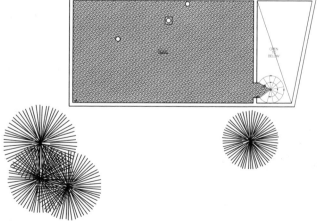

Roof plan   Plan du toit   Dachgeschoss

Gray stone with tints of purple frames the fireplace near the window front, adding colorful accents to the living room. Each of the house's set of stairs is unique: For the interior, the architect chose recycled aluminum.

L'habillage en pierre aux reflets gris et mauve entoure l'ouverture de la cheminée à hauteur de la rangée de fenêtres et apporte des notes de couleur. Tous les escaliers de l'édifice sont différents : à l'intérieur, l'architecte a opté pour de l'aluminium recyclé.

Eine grau-lila schimmernde Steinverkleidung umrahmt die Kaminöffnung in Höhe der Fensterfront und setzt farbliche Akzente. Jede Treppe dieses Gebäudes ist anders: Für den Innenbereich wählte der Architekt recyceltes Aluminium.

green facts

The trees surrounding the house were left intact during construction. Their natural canopy of leaves provides shelter from the sun, keeping the house cool in the summertime. In the cold season, on the other hand, the alignment of the window front enables the use of passive solar heat. Energy-efficient floor heating, a fireplace and thick insulation also help keep the heating bills down. Low-VOC was the choice for all paints and finishes. Environmentally friendly bamboo and recycled wooden planks were used for the floors. The locally produced aluminum stairs are also made of recycled material.

Lors de la construction de la maison, le peuplement forestier environnant a pu être épargné. Le toit naturel réalisé à base de feuilles protège des rayons puissants du soleil et contribue ainsi à rafraîchir naturellement le bâtiment en été. En revanche, durant les mois d'hiver, la chaleur du soleil peut être utilisée passivement grâce à l'orientation de l'ensemble des fenêtres. De surcroît, le concepteur a prévu une cheminée et un chauffage par le sol à faible consommation d'énergie. Une isolation efficace permet de réduire les coûts de chauffage. Des peintures exemptes de matières nocives ont été utilisées pour toutes les surfaces enduites. Pour les revêtements de sol, l'architecte a privilégié des matériaux écologiques comme le bambou, ainsi que des madriers recyclés. L'escalier en aluminium a également été réalisé avec des matériaux recyclés et est un produit de l'industrie locale.

Beim Bau des Hauses konnte der umliegende Baumbestand geschont werden. Sein natürliches Blätterdach schützt vor zu starker Sonneneinstrahlung und trägt so zur natürlichen Kühlung des Gebäudes im Sommer bei. In den kälteren Monaten hingegen kann durch die Ausrichtung der Fensterfront die Sonnenwärme passiv genutzt werden. Zusätzlich stehen eine energieeffiziente Fußbodenheizung sowie ein Kamin zur Verfügung. Eine starke Isolierung senkt dabei die Heizkosten. Für alle Anstriche fiel die Wahl auf schadstoffarme Farben. Als Bodenbeläge fanden umweltverträgliches Bambus sowie recycelte Holzbohlen Verwendung. Die Aluminiumtreppe besteht ebenfalls aus recyceltem Material und wurde von der lokalen Industrie gefertigt.

house in batschuns / austria

Architect: k_m architecture, Bregenz, Austria / www.k-m-architektur.com
Photos: k_m architecture

Concrete supports surround the basement of this single-family home while raising it slightly to compensate for the inclined ground it stands on. It also makes the structure appear to float above the orchard in which it stands. Boasting 270 m² (2,900 sq ft) of usable and living space, the two-story building is characterized by strong horizontals. Its divided exterior—copperplate above, larch wood below—reinforces this horizontal character and the impression of volumes having been placed one on top of the other. The different functions of the two levels—the ground floor houses the living and dining area, while the first floor accommodates the bedrooms—are also reflected in the use of materials. Wide floor-to-ceiling glazing on both floors serves to open up the overall structure while offering a view of the Rhine Valley and the surrounding alpine countryside. Indeed, the principal focus of the architecture of this home is not so much on its horizontality but on its transparency.

Posée sur des piliers en béton qui entourent une cave, cette maison individuelle s'élève légèrement au-dessus du sol, équilibrant ainsi le terrain en pente. Elle semble en quelque sorte planer au-dessus du pré-verger. Un tracé horizontal prononcé définit l'édifice de deux étages et d'une surface habitable de 270 m². L'enveloppe extérieure composée de deux parties (une tôle en cuivre au-dessus et du bois de mélèze en dessous) accentue le caractère horizontal et donne l'impression que les volumes se chevauchent. Les différents niveaux fonctionnels sont également mis en évidence par des matériaux différents : salle de séjour et salle à manger en bas, chambres à coucher en haut. Sur les deux étages, des murs vitrés larges et aussi hauts que les pièces ouvrent l'habitation sur l'extérieur, permettant d'admirer la vallée du Rhin et le paysage de montagnes. Parallèlement au style très horizontal de la maison, le concepteur a privilégié la transparence de l'architecture.

Auf Betonstützen, die einen Keller umschließen, erhebt sich das Einfamilienhaus leicht über dem Boden und gleicht so die Hanglage aus. Es scheint so gleichsam über der Streuobstwiese zu schweben. Ein starker Horizontalzug bestimmt das doppelstöckige Gebäude mit 270 m² Nutzwohnfläche. Die Zweiteiligkeit der Außenhülle – oben Kupferblech, unten Lärchenholz – verstärkt den waagerechten Charakter und den Eindruck des Übereinanderschiebens von Volumina. Auch die verschiedenen Funktionsebenen werden durch die unterschiedlichen Materialien markiert: Wohn- und Essbereich unten, Schlafräume oben. Auf beiden Etagen brechen breite, raumhohe Fensterwände die Baukörper auf und geben Blicke ins Rheintal und auf die Berglandschaften frei. So steht neben der Horizontalität vor allem die Transparenz der Architektur im Vordergrund.

Vast covered terraces enable the residents to enjoy unrestricted views into the distance.

Sur les terrasses couvertes, les résidents bénéficient d'une vue intacte sur les paysages exceptionnels au loin.

Von den überdachten Terrassen aus können die Bewohner eine unverstellte Aussicht auf die in der Ferne liegenden einzigartigen Panoramalandschaften genießen.

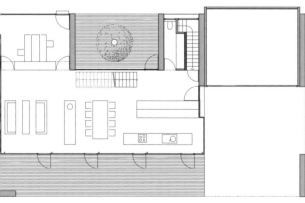

Ground floor   Rez-de-chaussée   Erdgeschoss

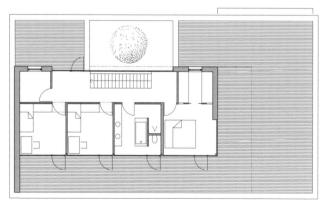

First floor   Premier étage   Erstes Obergeschoss

The interior is characterized by warm wood tones as well as by the surrounding nature, made ever present by the transparent façades.

À l'intérieur, les tons chauds des habillages en bois sont en harmonie avec la nature environnante, laquelle est omniprésente dans la maison grâce aux façades transparentes.

Die warmen Töne der Holzverkleidungen im Inneren harmonieren ausgezeichnet mit der umgebenden Natur, die dank der transparenten Fassaden im Haus allgegenwärtig ist.

There is room for four to five people in this open, spacious home, which has a total living space of 178 m² (1,900 sq ft).

La surface habitable nette de la maison ouverte et spacieuse est de 178 m² et offre suffisamment d'espace pour quatre à cinq personnes.

Die Nettowohnfläche des offenen und geräumigen Hauses beträgt 178 m² und bietet vier bis fünf Personen Platz.

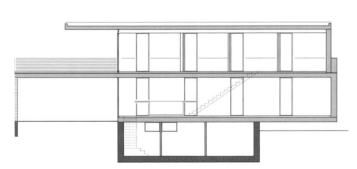

Longitudinal section   Section longitudinale   Längsschnitt

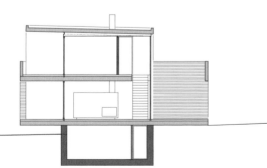

Cross section   Section transversale   Querschnitt

hat cannot be seen from the rear of the house, but is visible in cross section,
that it partially "floats" on concrete supports, even admitting daylight into
e basement.

visible de derrière, mais apparente de profil, la « suspension » partielle de
maison sur des piliers en béton laisse même passer de la lumière dans la
ve.

e teilweise „schwebende" Lage des Hauses auf Betonstützen, die sogar Ta-
slicht in den Kellerbereich lässt, ist von der Rückseite her nicht erkennbar,
ohl aber im Querschnitt.

green facts

Glass façades encourage the use of passive solar energy. Overhanging flat roofs provide shade while protecting the interior from
the summer heat. During the winter, a combination of heating pump, solar-panel system, wood stove and heat-absorbing glass
reduces the annual energy consumption to 12,680 BTU/h (40 kWh) for each square foot of usable space. Employing all-natural,
untreated materials eliminated any need for synthetic wood preservatives or surface finishes. About 40 percent of all the work
was carried out by the owners themselves. The larch wood came from the family's own property and is, like all the other building
materials used here, recyclable.

Les façades en verre permettent d'utiliser passivement la chaleur du soleil. Grâce aux toits plats et saillants qui procurent également de l'ombre, les locaux ne se réchauffent pas trop en été. En hiver, une pompe à chaleur, une installation solaire, un poêle
à bois et des vitres isolantes réduisent ensemble le besoin annuel en énergie à 40 KWh par m² de surface utilisable. L'architecte a
entièrement renoncé à des agents de protection du bois et à des vernis synthétiques : tous les matériaux utilisés sont à l'état naturel. Environ 40 % des travaux ont été exécutés par les maîtres d'ouvrage avec leurs propres ressources. Le bois de mélèze provient
de la forêt appartenant à la famille et il est, comme les autres matériaux de construction utilisés, recyclable.

Durch die Glasfassaden kann Solarwärme passiv genutzt werden. Dank der vorkragenden Flachdächer, die auch der Verschattung
dienen, heizen die Räumlichkeiten im Sommer nicht zu stark auf. Im Winter reduziert die Kombination aus Wärmepumpe, Solaranlage, Holzofen und Wärmeschutzverglasung den jährlichen Energiebedarf auf 40 KWh je Quadratmeter Nutzfläche. Auf synthe-
tische Holzschutzmittel und Lacke wurde völlig verzichtet – alle verwendeten Materialien sind naturbelassen. Etwa 40 Prozent
aller Arbeiten wurden von den Bauherren in Eigenleistung verrichtet. Das Lärchenholz stammt aus dem familieneigenen Wald und
ist, wie die übrigen Baustoffe auch, wiederverwertbar.

low-energy hybrid 3 / germany

Architect: atelier hybride - Markus Julian Mayer, Munich, Germany / www.atelier-hybride.com
Collaborator: Cathrin Peters-Rentschler, Ralph Imhof
Photos: Thilo Härdtlein, Munich, Germany / www.haerdtlein-foto.de

One hurdle to the construction of this single-family home was the slight incline of its site. Building a substructure took care of that, a it accommodated space for a separate apartment, with the two-story house rising above it. The architect decided on a north-south orientation for this very long and narrow structure, thus optimizing the use of the equally narrow lot. Wood and glass characterize the exterior. Given the fact that the day rooms are used more often than the bedrooms, the architect situated them directly under the roof That way, the living and dining areas stretch across the entire length of the house to benefit from more light and better views. The also lead into the garden by way of a large balcony and a staircase.

Pour construire cette maison individuelle, l'architecte a dû adapter son plan au terrain légèrement pentu. Le soubassement ainsi créé abrite un logement mi-souterrain sur lequel s'élève la maison à deux étages. L'orientation nord-sud qui a été privilégiée pour le bâti ment très long et étroit, optimise la surface du jardin sur le terrain lui aussi très étroit. L'architecture extérieure est mise en valeur pa une enveloppe en bois et en verre. Les pièces de séjour étant utilisées plus souvent que les chambres, elles se trouvent sous le toi La partie salle de séjour et salle à manger s'étend sur toute la longueur de la maison ; très lumineuse et offrant une vue superbe, ell est reliée au jardin par un grand balcon et un escalier.

Bei der Errichtung dieses Einfamilienhauses war eine leichte Hanglage zu berücksichtigen. So wurde durch einen Unterbau Raum für eine Einliegerwohnung geschaffen, über der sich das eigentliche, zweigeschossige Haus erhebt. Der Architekt entschied sich für eine Nord-Süd-Orientierung des sehr langen, schmalen Gebäudes und konnte so den Gartenanteil auf dem ebenfalls schmalen Grundstück optimieren. Außen prägt eine Hülle aus Holz und Glas die Architektur. Da die Aufenthaltsräume häufiger genutzt werden als die Schlafräume, verlegte der Architekt sie unter das Dach: Der Wohn- und Essbereich erstreckt sich über die gesamte Hauslänge und profitiert von der besseren Belichtung und bevorzugten Aussicht. Von hier aus erfolgt die Anbindung an den Garten über einer großzügigen Balkon und eine Gartentreppe.

e tall, steeply sloping gable roof makes for a spacious top floor.

ortement incliné, le toit à deux pentes crée une sensation d'espace excep-
onnelle à l'étage en raison de sa hauteur élevée.

as stark geneigte Satteldach schafft durch die Höhe im Obergeschoss ein
omfortables Raumgefühl.

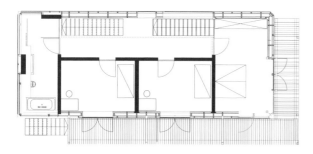

Ground floor   Rez-de-chaussée   Erdgeschoss

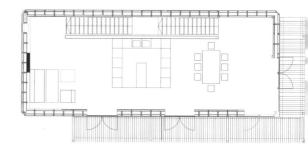

First floor   Premier étage   Erstes Obergeschoss

rtain walls made of wood: Various tones lend the walls texture and give the
me a natural look.

r-rideau en bois : différentes nuances structurent le mur, ce qui confère un
actère naturel à la maison.

hangfassade aus Holz: Unterschiedliche Töne strukturieren die Wand und
leihen dem Haus Natürlichkeit.

green facts

When designing this low-energy hybrid home, the architect opted to use different building materials for the interior and the exteri-
or. Polished concrete is an optimal material for retaining heat in the interior, whereas a light wood construction method was chosen
for the exterior. Here's why: The thermal insulation value of wood is considerably greater than that of a stone construction with the
same wall thickness. As a result, less heating is required in the winter to compensate for the decreasing surface temperature of the
outside walls. In order to make use of passive energy of the sun, the south and west façades feature large areas of glass. A heating
pump with geothermal probes keeps the home warm during the winter while supplying hot water all year long.

Lors de la conception de cette maison hybride à faible consommation d'énergie, l'architecte a veillé à ne pas utiliser les mêmes
matériaux à l'intérieur et à l'extérieur. À l'intérieur, le béton poli garantit une accumulation optimale de la chaleur. À l'extérieur, on
a privilégié une construction légère en bois car, compte tenu de l'épaisseur des murs , le bois a une capacité d'isolation thermique
beaucoup plus importante qu'un matériau compact comme le béton. Ainsi, il faut moins chauffer en hiver afin de compenser la
chute de température sur les parois extérieures. Les façades sud et ouest ont été vitrées en grande partie afin d'utiliser passivement l'énergie solaire. Une pompe à chaleur avec des sondes géothermiques chauffe le bâtiment en hiver et permet de produire de
l'eau chaude toute l'année.

Bei der Konzeption des Niedrigenergie-Hybridhauses unterschied der Architekt zwischen inneren und äußeren Baumaterialien.
Innen sorgt geschliffener Beton für optimale Wärmespeicherung, außen fiel die Wahl auf eine leichte Holzbauweise. Der Grund:
Bezogen auf die Konstruktionsstärke ist der Wärmedämmwert von Holz wesentlich höher als bei massiver Bauweise. So muss im
Winter weniger geheizt werden, um die sinkende Oberflächentemperatur der Außenwände zu kompensieren. Die Süd- und West-
Fassade wurden zur passiven Solarnutzung großflächig verglast. Eine Wärmepumpe mit Erdsonden beheizt das Gebäude im Winter
und sorgt im ganzen Jahr für die Bereitstellung von Warmwasser.

airhouse / usa

Architect: air architecture - Francois Perrin, Los Angeles, USA / www.airarchitecture.com
Photos: Joshua White, Michael Wells

This cube structure appears simple, yet light and sophisticated in its combination of a redwood substructure and a transparent poly carbonate skin that reveals the frame underneath. This may give the building a raw and unfinished appearance, however, its façad reflects the green of the surrounding vegetation and the blue of the sky, making the house blend in with nature. The architect er hanced the 37-m² (400-sq-ft) floor plan by adding a gallery accommodating a workspace and a place to sleep. The lower level feature wall-filling bookshelves as well as a place to meditate, since the addition serves as a guestroom, a workplace and a place of retrea all in one.

Le cube est simple, mais léger et raffiné. La construction en bois rouge et l'habillage transparent en polycarbonate ont été associé pour faire apparaître la structure. Le bâtiment a un aspect brut comme s'il n'était pas terminé, mais la façade reflète le vert de l végétation environnante ainsi que le bleu du ciel, intégrant la construction dans la nature. L'architecte a agrandi les 37 m² du nivea principal en ajoutant une mezzanine qui comprend un espace de travail et une zone de sommeil. Au niveau bas on trouve les murs d livre et un lieu de méditation, l'espace servant à la fois de chambre d'amis, de bureau et de lieu de recueillement.

Der Kubus wirkt einfach, dabei aber leicht und raffiniert in seiner Kombination aus einer Unterkonstruktion aus Rotholz und eine durchsichtigen Polycarbonatverkleidung, die den Unterbau durchscheinen lässt. Dadurch mag das Gebäude zwar roh und unferti aussehen, doch spiegelt die Fassade das Grün der umgebenden Vegetation und das Blau des Himmels wider und sorgt so für ein Ve schmelzen mit der Natur. Den Grundriss von 37 m² bereicherte der Architekt um eine Galerie, die mit einem Arbeits- und einem Schla platz ausgestattet ist. Im Untergeschoss befinden sich Bücherwände und eine Meditationsstätte, denn der Anbau ist Gästehau sowie Arbeits- und Rückzugsort in einem.

The interior is also dominated by local materials, such as redwood, which was used for the substructure as well as for the shelves occupying two walls all the way up to the ceiling. The area for meditation and tea ceremonies is fitted out with tatami mats.

À l'intérieur également, ce sont des matériaux locaux qui dominent : par exemple, le bois rouge a été utilisé pour le soubassement ainsi que sur deux murs intégralement transformés en étagères. Des tatamis ont été posés dans l'espace réservé à la méditation et à la cérémonie du thé.

Auch im Inneren dominieren lokale Materialien wie Rotholz, das sowohl für die Unterkonstruktion als auch für die bis unter das Dach reichenden Regale an zwei Wänden benutzt wurde. Der Bereich für Meditation und Teezeremonien ist mit Tatamimatten ausgelegt.

A gallery creates additional space and is accessible via a space-saving ship's ladder.

La galerie créant un espace supplémentaire est accessible par une échelle de bateau peu encombrante.

Eine Galerie schafft weiteren Raum und ist durch eine platzsparende Schiffs-leiter erreichbar.

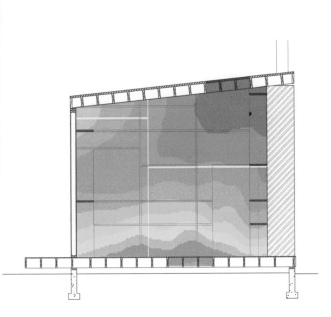

Thermal diagram summer day
Diagramme thermiquee, jour d'été
Wärmediagramm Sommertag

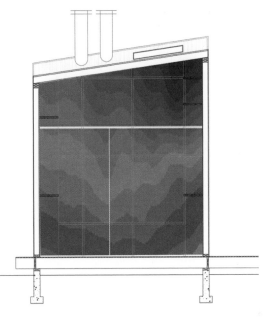

Thermal diagram winter night
Diagramme thermique, nuit d'hiver
Wärmediagramm Winternacht

green facts

The void created between the plastic polycarbonate skin and the wooden construction serves to insulate the house. The polycarbonate skin reflects the glaring sun of the summer, yet admits the less intense rays of sun in the winter. There's no need for heating or air conditioning. Cross ventilation generates cool air through the windows, doors and skylights, and is specially designed to let in the sea breeze in the afternoon. The redwood foundation hovers above the ground, protecting the house from flooding and providing shelter for raccoons and opossums. Photovoltaic panels on the roof make this house almost entirely self-sufficient and independent of conventional sources of electricity.

Le coussin d'air créé entre l'enveloppe plastique en polycarbonate et la construction en bois isole le bâtiment. En été, le polycarbonate reflète le soleil brûlant, alors qu'en hiver, il laisse passer ses faibles rayons. Les architectes ont pu entièrement renoncer à un système de chauffage ou de climatisation. Une ventilation croisée rafraîchit l'intérieur : les fenêtres, les portes et les lucarnes du toit laissent notamment passer la brise marine de l'après-midi. Les fondations surélevées en bois rouge sont protégées des inondations et offrent un abri aux ratons laveurs et aux opossums locaux. Grâce à l'installation d'une unité photovoltaïque sur le toit, la maison ne dépend presque pas du réseau d'électricité urbain.

Der zwischen der Plastikhülle aus Polycarbonat und der Holzkonstruktion entstehende Luftpuffer isoliert das Gebäude. Im Sommer reflektiert das Polycarbonat die starke Sonne, während es die schwache Wintersonne hineinlässt. Auf eine Heizung oder Klimaanlage konnte gänzlich verzichtet werden. Gekühlt wird mittels Kreuzventilation durch die Fenster, Türen und Dachluken, wodurch vor allem die nachmittägliche Meeresbrise eingefangen werden soll. Da sich das Rotholzfundament über dem Boden erhebt, ist es vor Überflutungen geschützt und bietet den einheimischen Waschbären und Opossums Unterschlupf. Eine Photovoltaikanlage auf dem Dach macht das Haus weitgehend unabhängig von städtischer Stromzufuhr.

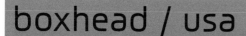

boxhead / usa

Architect: Jim Burton of Carter + Burton Architecture, Barryville, Virginia, USA / www.carterburton.com
Interior designer: Michelle Timberlake / www.carterburton.com
Photos: Daniel Afzal

Neighborhood covenants called for this single-family home to reflect the traditional farmhouse architecture of Virginia. It also had to fit in front of a rock ledge, and in between a group of old trees. These specifications led to the strict, geometrical design of "Boxhead," built at an angle on top a hill. Its architects chose an open plan, a kind of room-within-a-room system. This compartmentalizing of volumes benefits the living room in particular with its great height and vast space. Large window openings help enrich this geometric exploration of forms. Crossbeams support the protruding lean-to roof. Together with the customized windows, the idea is to pay homage to Le Corbusier's pilgrimage church of Notre-Dame-du-Haut in Ronchamp—one of the owner's favorite buildings.

Pour cette maison individuelle, les architectes se sont inspirés de l'architecture traditionnelle des fermes de Virginie, tout en respectant les normes des maisons voisines. De plus, ils ont dû l'intégrer devant un éperon rocheux et dans les anciennes plantations d'arbres existantes. C'est ainsi que fut construite «Boxhead», inclinée sur la colline, avec une forme strictement géométrique. Les architectes ont opté pour un tracé ouvert, une sorte de système d'emboîtement des pièces. Haut et spacieux, le salon est particulièrement mis en valeur par l'imbrication de plusieurs volumes. La forme géométrique est soulignée par de grandes baies vitrées. Des traverses soutiennent la toiture shed en saillie : avec ses bandeaux de fenêtres, elle est censée rappeler l'un des édifices favoris du propriétaire : l'église de pèlerinage Notre-Dame du Haut, construite à Ronchamp par Le Corbusier.

Dieses Einfamilienhaus sollte sich unter Berücksichtigung nachbarschaftlicher Vorgaben an der traditionellen Farmhaus-Architektur Virginias orientieren. Außerdem musste es vor einem Felsvorsprung und innerhalb des alten Baumbestands Platz finden. So entstand, schräg auf den Hügel gebaut, „Boxhead" in streng geometrischer Form. Die Architekten entschieden sich für einen offenen Grundriss, eine Art Raum-in-Raum-System. Mit seiner Höhe und Weiträumigkeit profitiert besonders das Wohnzimmer von der Verschachtelung mehrerer Volumina. Das geometrische Formenspiel wird durch große Fensteröffnungen bereichert. Querbalken stützen das vorkragende Schleppdach: Zusammen mit den Fensterbändern soll es an Le Corbusiers Wallfahrtskirche Notre-Dame-du-Haut in Ronchamp erinnern – ein Lieblingsgebäude des Eigentümers.

The open plan gives the kitchen, living room and gallery a spacious feel, turning the kitchen into the heart of the house.

Dans la cuisine, le salon et la galerie, la perception de l'espace est déterminée par le tracé ouvert de la maison ; la cuisine peut ainsi devenir le centre de la vie commune.

In Küche, Wohnzimmer und Galerie wird das Raumgefühl vom offenen Grundriss bestimmt; so kann die Küche zum Mittelpunkt des Gemeinschaftslebens werden.

Ebonized oak and natural cedar plywood underline the box system in the interior.

Le bois de chêne noirci et le contreplaqué de cèdre naturel mettent en évidence le système d'emboitement à l'intérieur.

Die Verwendung von geschwärztem Eichenholz und naturbelassenem Zedern-sperrholz betont das Boxensystem im Inneren.

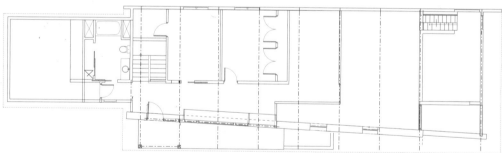

Ground floor   Rez-de-chaussée   Erdgeschoss

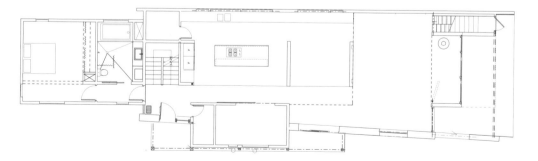

First floor   Premier étage   Erstes Obergeschoss

shifting the southeast wall 7 degrees toward the south allows the house to
gain passive solar energy while shielding the living quarters from the noise of
a nearby four-lane road.

Le mur sud-est ayant été déplacé de 7 degrés vers le sud, la maison profite de
l'énergie solaire passive et les pièces d'habitation sont situées en retrait de la
route à quatre voies avoisinante et donc protégées du bruit.

Da die Südostmauer um 7 Grad nach Süden verschoben wurde, steigt der
passive Wärmegewinn des Hauses und die Wohnräume liegen weitgehend
lärmgeschützt abseits einer nahen vierspurigen Straße.

green facts

The northwest wall of standing seam makes this a low-maintenance house. Strongly insulating SIPS panels under the roof guarantee thermal insulation against the bracing northerly winds. The 41 cm (16 in) thick CMU concrete walls and dark paneling also do justice to the passive strategy of optimal heat conservation envisioned by the architects. The house comes with floor heating ensuring efficiently distributed heat while the Danish wood burner serves as an additional energy source. The beam construction was completed using short individual wood pieces laminated to each other in order to avoid using longer pieces that would have necessitated the felling of older trees. The large bathroom is equipped with cutouts of recycled terrazzo.

Grâce au mur nord-ouest, la maison nécessite très peu d'entretien. Du côté nord, très exposé au vent, et sous le toit, des panneaux en fibre de bois très isolants garantissent l'isolation thermique de la maison. De 41 cm d'épaisseur, les murs en béton CMU et les revêtements foncés sont l'expression de la stratégie passive adoptée par l'architecte et visant à assurer la conservation optimale de la chaleur. La maison dispose d'un chauffage au sol très efficace. Le poêle à bois danois représente une source d'énergie supplémentaire. La charpente a été réalisée avec différents petits morceaux de bois lamellés et collés ; pour utiliser de longs morceaux de bois, il aurait été indispensable de couper plusieurs vieux arbres. Des carreaux de terrazzo fabriqués à partir de matériaux recyclés ont été posés dans la grande salle de bain.

Durch die Stehfalzwand im Nordwesten ist das Haus äußerst wartungsarm. Im windreichen Norden und unter dem Dach sorgen stark isolierende Holzfaserplatten für die Wärmedämmung. Auch die 41 cm dicken CMU-Betonmauern und dunklen Verkleidungen entsprechen der von den Architekten beabsichtigten Passivstrategie optimaler Wärmekonservierung. Das Haus verfügt über eine Fußbodenheizung, die für effizient ausstrahlende Wärme sorgt; als zusätzliche Energiequelle dient der dänische Holzofen. Die Balkenkonstruktion wurde durch einzelne kurze und miteinander schichtverleimte Holzstücke gefertigt, um längere Stücke zu vermeiden, die das Abholzen älterer Baumstämme nötig gemacht hätte. Das große Badezimmer ist mit Terrazzofliesen aus recyceltem Material ausgestattet.

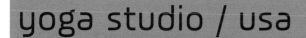

yoga studio / usa

Architect: Jim Burton of Carter + Burton Architecture, Barryville, Virginia, USA / www.carterburton.com
Interior designer: Michelle Timberlake / www.carterburton.com
Photos: Daniel Afzal

The Yoga Studio rests on a concrete base in the middle of a forest. The owners use the building, which is located some 30 meters (100 ft) from their main residence, as a weekend getaway and as a place to meditate. Given its surroundings, the idea was to design an organic form with a window front facing south. The result was a convex studio with a gallery and a slightly curved roof. A beam construction was rendered unnecessary by using prefabricated rounded wood fiber panels for the walls and roof. The window front of the studio reveals the scenery of the Blue Ridge Mountains. This, as well as an ecological design, was the owners' principal concern. Beds that are otherwise let into the floor can be uncovered to turn the main room into a guest room in no time at all.

Cette maison a été érigée sur un socle en béton au milieu de la forêt. Située à environ trente mètres de la résidence principale des propriétaires, elle sert de résidence secondaire et de lieu de méditation. Dans un souci d'homogénéité avec les alentours, les architectes ont voulu lui conférer une forme organique, orientée vers le sud par une façade vitrée. Leur concept s'est transformé en un studio convexe, doté d'une galerie et d'un toit légèrement bombé. Des panneaux en fibres de bois, arrondis et préfabriqués, ont été apposés sur les murs et sur le toit, évitant l'utilisation de poutres. Grâce à la façade vitrée, le studio se fond dans le décor des Blue Ridge Mountains : cette caractéristique importait aux propriétaires autant que la conception écologique du bâtiment. Des couchettes escamotables dans le sol permettent de transformer rapidement la pièce principale en chambre d'amis.

Auf einem Betonsockel mitten im Wald erhebt sich das Yoga Studio. Etwa 30 Meter vom Haupthaus der Eigentümer entfernt, dient es als Wochenendhäuschen und Meditationsstätte. Im Hinblick auf die Umgebung wollte man eine im Ansatz organische Form realisieren, die sich mit einer Fensterwand nach Süden ausrichtet. Es entstand ein konvexer Studioraum mit Galerie und leicht gewölbtem Dach. Die Wahl vorgefertigter gebogener Holzfaserplatten für Wände und Dach macht eine Balkenkonstruktion überflüssig. Durch die Fensterfront integriert das Studio die Kulisse der Blue Ridge Mountains, was den Eigentümern neben der ökologischen Bauweise am Herzen lag. In den Boden versenkbare Schlafkojen können den Hauptraum schnell in ein Gästezimmer verwandeln.

A small space has been transformed into an open, inviting structure with a
gallery accessible via a space-saving ship's ladder. Local craftsmen made the
doors and closets from spruce.

Une structure ouverte et changeante a été créée sur un espace réduit, ainsi
qu'une galerie à laquelle mène un escalier de bateau peu encombrant. Les
portes et les armoires en bois de sapin ont été réalisées par des artisans
locaux.

Auf begrenztem Raum entstand eine offene, wandelbare Struktur mit einer
Galerie, zu der eine raumsparende Schiffstreppe führt. Türen und Schränke
aus Tannenholz wurden von ortsansässigen Handwerkern angefertigt.

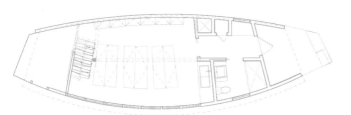

Main floor Étage principal Hauptgeschoss

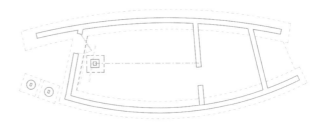

Basement Sous-sol Untergeschoss

The warm tone of poplar wood from the nearby sawmill envelops the walls
and floors, as its rich structure gives life to a natural work of art.

Le bois de peuplier chaud et structuré, qui provient d'une scierie environnante, habille les murs et le plancher, laissant place à une véritable œuvre
d'art naturelle.

Warmes Pappelholz aus der nahen Sägemühle verkleidet Wände und Boden
und schafft durch seinen Strukturreichtum ein natürliches Kunstwerk.

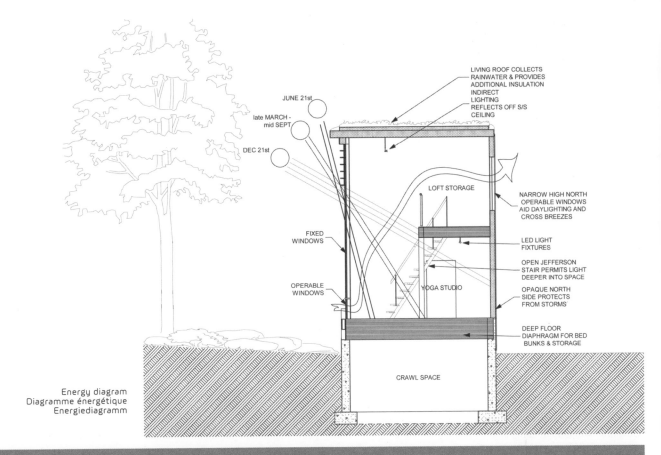

LIVING ROOF COLLECTS RAINWATER & PROVIDES ADDITIONAL INSULATION INDIRECT LIGHTING REFLECTS OFF S/S CEILING

JUNE 21st

late MARCH - mid SEPT

DEC 21st

LOFT STORAGE

NARROW HIGH NORTH OPERABLE WINDOWS AID DAYLIGHTING AND CROSS BREEZES

FIXED WINDOWS

LED LIGHT FIXTURES

OPEN JEFFERSON STAIR PERMITS LIGHT DEEPER INTO SPACE

OPERABLE WINDOWS

YOGA STUDIO

OPAQUE NORTH SIDE PROTECTS FROM STORMS

DEEP FLOOR DIAPHRAGM FOR BED BUNKS & STORAGE

CRAWL SPACE

Energy diagram
Diagramme énergétique
Energiediagramm

green facts

No harm came to the surrounding laurel trees, hardwood and wild blueberries during the construction of this structure. A maintenance-free green roof system provides insulation and helps cut energy costs by 30 percent. It also serves to collect rainwater. All materials used, such as the poplar wood for the floors and wall paneling, were locally sourced. Passive solar energy use, combined with a geothermal heating pump and a sophisticated ventilation system, make for a pleasant room temperature. Steel brise-soleils shield the window front from the sun during the summer. They do so without darkening the rooms, as they reflect the sunlight. The walls were sealed with pollutant-free beeswax.

La nature environnante avec les lauriers, les bois durs et les myrtilles sauvages n'a pas été endommagée lors de la construction de la maison. Une toiture végétalisée ne nécessitant aucun entretien isole le bâtiment et permet de réduire les coûts d'énergie de 30 %. Elle sert également à récupérer l'eau de pluie. Tous les matériaux utilisés, notamment le bois de peuplier pour les planchers et les revêtements des murs, sont d'origine locale. Associée à une pompe à chaleur géothermique et à un système d'aération astucieux, l'utilisation passive de l'énergie solaire permet de chauffer toutes les pièces à une température appropriée. En été, les lames en acier protègent la paroi vitrée du soleil sans assombrir les pièces, car elles reflètent la lumière. Les murs ont été vitrifiés sans substance nocive, avec de la cire d'abeille.

Die umgebende Natur mit Lorbeerbäumen, Harthölzern und wilden Blaubeeren wurde durch den Bau nicht beschädigt. Ein wartungsfreies Dachbegrünungssystem isoliert und hilft so, die Energiekosten um 30 Prozent zu senken. Daneben dient es der Regenwassergewinnung. Alle verwendeten Materialien, wie etwa das Pappelholz für die Böden und Wandverkleidungen, stammen aus lokaler Produktion. Die passive Nutzung der Sonnenenergie sorgt gemeinsam mit einer geothermalen Wärmepumpe sowie einem ausgeklügelten Belüftungssystem für die richtige Raumtemperatur. Stahllamellen verschatten die Fensterwand im Sommer, ohne die Räume zu verdunkeln, denn sie reflektieren das Licht. Die Wände sind schadstofffrei mit Bienenwachs versiegelt.

treehouse magnolia / germany

Architect: baumraum - Andreas Wenning, Bremen, Germany / www.baumraum.de
Collaborator: Schorling Holz / www.schorling-holz.de
Photos: Alasdair Jardine

Idyllically nestled on private property between a magnolia and a group of firs, this tree house essentially serves the family living there as a place to unwind. On occasion, though, it's also used for business meetings. A wood-steel stair framework leads up to the hideaway, but not before reaching a terrace 3.50 meters (12 ft) off the ground. The latter features benches and a shower to cool off from the summer heat. From the terrace, another set of stairs leads to the cube-like house situated 4.50 meters (15 ft) off the ground. Like the terrace, the house is supported by a stainless-steel frame. Going inside feels like entering a cabin, especially with the cushioned oak benches and inlaid drawers on three sides along the walls. Light enters the cabin and its 13.60 m² (146 sq ft) of space not only through the windows in the sidewalls but also through a skylight. A small heater keeps things warm in the winter.

Bénéficiant d'un emplacement idyllique dans un domaine privé, entre un magnolia et plusieurs sapins, cette maison construite dans les arbres sert principalement de lieu de repos à la famille qui y habite. Mais elle est parfois également utilisée pour des réunions d'affaires. La petite maison en bois est accessible par un escalier en bois et en acier qui mène à une terrasse située à 3,50 mètres de hauteur. Des bancs y sont installés et une douche permet de se rafraîchir lorsqu'il fait trop chaud en été. De cette terrasse, un autre escalier permet d'atteindre le cube situé à 4,50 mètres de hauteur, qui, comme la terrasse, est soutenu par une construction en inox. Une fois entré dans le cube, on se croirait dans une cabine de bateau : des bancs en chêne capitonnés, avec des tiroirs encastrés, ont été disposés le long des murs, sur trois côtés de la pièce. Celle-ci, d'une superficie de 13,60 m², est éclairée par des fenêtres intégrées dans les parois latérales ainsi que par une imposte. En hiver, l'habitation peut être chauffée grâce à un petit système de chauffage.

Dieses Baumhaus, auf einem Privatgrundstück idyllisch zwischen einer Magnolie und mehreren Tannen gelegen, dient der dort lebenden Familie vornehmlich als Erholungsort. Es wird aber auch bisweilen bei Geschäftstreffen genutzt. Das Refugium erreicht man über eine Holz-Stahl-Treppe, die zunächst aber auf eine Terrasse in 3,50 m Höhe führt. Dort befinden sich Bänke und eine Dusche zur Abkühlung von der Sommerhitze. Von hier aus gelangt man über eine weitere Treppe zum Kubus in 4,50 m Höhe, der wie die Terrasse von einer Edelstahlkonstruktion getragen wird. Beim Eintritt entsteht der Eindruck einer Kajüte, vor allem durch die gepolsterten Eichenbänke mit eingelassenen Schubkästen, die an drei Seiten entlang der Wände laufen. Neben den Fenstern in den Seitenwänden wird der 13,60 m² große Raum zusätzlich durch ein Oberlicht erhellt. Im Winter kann er über eine kleine Heizung gewärmt werden.

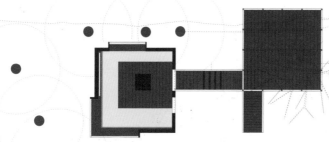

Site plan   Plan de situation   Umgebungsplan

The walls inside are lined with stained oak panels. Three sides of the room accommodate large, connected benches with frames made of the same stained oak and featuring built-in drawers.

À l'intérieur, les parois latérales sont revêtues de panneaux en chêne teinté. De larges bancs ont été disposés en continu sur trois côtés de la pièce : ils sont également installés sur un support en chêne teinté et comportent des tiroirs.

Die Seitenwände sind im Inneren mit getönten Eichenpaneelen verschalt. An drei Seiten des Raums befinden sich großzügige, durchgehende Sitzflächen, deren Unterbauten ebenfalls aus getönter Eiche bestehen und in die Schubkästen eingefügt sind.

Connected by stairs, the terrace and the cube offer visitors a view across the garden into the valley below.

De la terrasse, tout comme du cube, accessible par un escalier, les visiteurs peuvent admirer une vue imprenable sur le jardin et la vallée.

Von der Terrasse und dem mit ihr über eine Treppe verbundenen Kubus aus können die Besucher den Blick weit durch den Garten und in das Tal schweifen lassen.

Completely hidden in the woods, the tree house sits on two stainless-steel supports connected by a set of stairs.

Cachée dans les arbres, la maison repose sur deux structures en inox reliées entre elles par un escalier.

Ganz versteckt zwischen den Bäumen ruht das Baumhaus auf zwei durch eine Treppe miteinander verbundenen Tragwerken aus Edelstahl.

South elevation   Élévation sud   Südlicher Aufriss

green facts

The architect's aim in designing this tree house was to create a structure that brings its visitors closer to nature, thus its wooden cube was conceived to blend in with its environment and to minimize the impact it has on the trees so as not to impede their growth. That's why the weight of the house is not borne by the trees, but instead by steel supports. In its construction only ecologically sound materials were used, such as certified wood and natural insulation materials, such as wood-fiber panels. The Tatajuba wood used for the façade comes from controlled cultivation. Exposed to the elements, this weather-resistant wood variety will gradually become one with its surroundings.

Cette maison dans les arbres a été conçue dans le but de vivre en harmonie avec la nature : le cube en bois devait donc se fondre parfaitement dans l'environnement et les arbres devaient être traités avec le plus grand soin possible sans gêner leur croissance. C'est la raison pour laquelle la maison n'est pas soutenue par des arbres, mais par des piliers en acier. Seuls des matériaux de qualité ont été utilisés, par exemple du bois homologué et des isolants naturels comme des panneaux en fibre de bois. Le bois tatajuba, d'appellation d'origine contrôlée, a été utilisé pour le revêtement extérieur. Cette sorte de bois très résistante peut être exposée aux intempéries et s'adapte avec le temps à l'environnement.

Da das Erleben der Natur bei der Errichtung des Baumhauses im Vordergrund stand, sollte sich der Holzkubus gut in die Umgebung einfügen, wobei die Bäume möglichst schonend behandelt und in ihrem Wuchs nicht behindert werden sollten. Das Haus wird deshalb nicht von den Bäumen, sondern von Stahlstützen getragen. Grundsätzlich wurden nur unbedenkliche Materialien eingesetzt, etwa zertifiziertes Holz und natürliche Dämmstoffe wie Holzwollplatten. Das für die Außenschalung verwendete Tatajubaholz stammt aus kontrolliertem Anbau. Die wetterbeständige Holzart bleibt dem natürlichen Witterungsprozess überlassen und passt sich so mit der Zeit der Umgebung an.

eels lake residence / canada

Architect: Altius Architecture Inc., Toronto, Canada / www.altius.net
Photos: Patrick Burke, Tony Round

Built in the typical cottage tradition of southern Ontario, this country residence was designed to be habitable year-round. It was constructed in the shelter of the forest rather than at the lake's edge so as to disappear into the landscape. The result is a residence amidst fir and deciduous trees that reaches up to two stories tall with the descending slope. The layout of the interior can even be discerned from the exterior owing to the combination of materials used, such as wood, steel, dark brick and glass, and yet the residence does not appear overly compact. A plain, overhanging roof spans the rooms, most of which are designed for flexible use and are perfectly tailored to a growing family. The sleeping quarters are located in a part of the house that can be separated from the living room and guest wing. Since interior walls and ceiling are made from the same materials as the façade, the inside harmonizes with the outside.

Construite dans le style «cottage» propre au sud de l'Ontario, cette maison de campagne est habitable toute l'année. Au lieu de l'orienter vers le lac, comme il est habituel de le faire, le concepteur l'a intégrée dans la forêt protectrice. Selon l'inclinaison du sol, le bâtiment s'élève sur un à deux étages entre les résineux et les feuillus. Une combinaison de matériaux comme le bois, l'acier, des tuiles foncées et du verre permet de distinguer, même de l'extérieur, la répartition des pièces intérieures et évite que l'édifice n'apparaisse trop compact. Un toit plat simple en saillie recouvre les pièces dont la fonction est en grande partie flexible et qui sont parfaitement adaptées à une famille qui s'agrandit. Toutes les chambres à coucher se situent dans une partie de la maison qui peut être isolée de l'aile réservée au séjour et aux invités. Pour l'habillage intérieur des murs et des plafonds, les architectes ont utilisé les mêmes matériaux que sur la façade, créant ainsi une harmonie entre l'extérieur et l'intérieur.

Das Landhaus in der typischen Cottage-Bauweise Südontarios soll ganzjährig bewohnbar sein. Statt es, wie sonst üblich, auf den See auszurichten, wurde es daher in den schützenden Wald hineingebaut. Je nach Neigungsfläche des Bodens erhebt sich das Gebäude ein- bis zweigeschossig zwischen Nadel- und Laubbäumen. Ein Materialmix aus Holz, Stahl, dunklen Ziegeln und Glas lässt bereits von außen die Aufteilung der Innenräume erkennen, wodurch das Gebäude nicht zu kompakt wirkt. Ein einfaches, vorkragendes Flachdach überspannt die weitgehend flexibel nutzbaren Räumlichkeiten, die perfekt auf eine wachsende Familie zugeschnitten sind. Der gesamte Schlafbereich befindet sich in einem Teil des Hauses, der vom Wohn- und Gästetrakt abgetrennt werden kann. Für die Wand- und Deckenverkleidung im Inneren wurden dieselben Materialien verwendet wie für die Fassade, sodass sich außen und innen harmonisch miteinander verbinden.

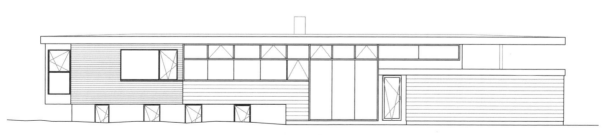

South elevation Élévation sud Südlicher Aufriss

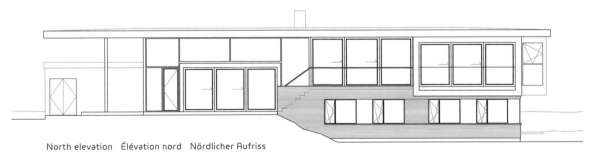

North elevation   Élévation nord   Nördlicher Aufriss

The dark brick contrasts with the reddish Douglas fir cladding—both inside and out—resulting in crisp, elegant finishes and detailing.

Le contraste entre le revêtement en tuiles foncées et celui en sapin de Douglas rouge confère à la maison un caractère rustique aussi bien à l'extérieur qu'à l'intérieur.

Der Kontrast zwischen dunkler Ziegel- und rötlicher Douglasienverkleidung bestimmt innen wie außen das rustikale Bild.

The different materials lend the loft-like, open living and dining area visual coherence. A fireplace serves as an additional heat source for more coziness.

Ouverte comme dans un loft, la partie servant de salle de séjour et de salle à manger est structurée par les différents matériaux utilisés. En hiver, une cheminée sert de source de chauffage supplémentaire et crée une atmosphère de bien-être.

Die loftartige Offenheit des Wohn- und Essbereiches wird durch den Einsatz der unterschiedlichen Materialien strukturiert. Ein Kamin dient im Winter als zusätzliche Wärmequelle und schafft Behaglichkeit.

The partly generously glazed façade makes it difficult to determine where the living room ends and the forest begins.

Dotée d'un large vitrage, la façade donne l'impression d'être en pleine forêt lorsque l'on se trouve dans le salon.

Die teilweise großzügig verglaste Fassade lässt im Wohnzimmer das Gefühl entstehen, mitten im Wald zu sitzen.

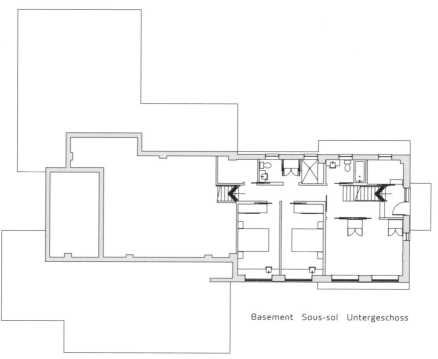

Basement Sous-sol Untergeschoss

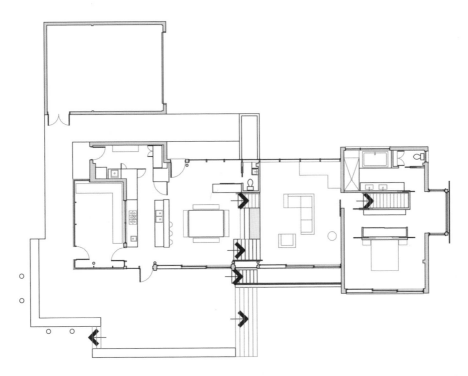

Main floor   Étage principal   Hauptgeschoss

green facts

The architect paid considerable attention to detail when designing this residence. As the trees to the south shed their leaves in autumn, sunlight enters the residence, warming up the concrete floor. The fir trees to the north and east, on the other hand, provide shelter from the cold winter winds. A geothermal ground-water pump, connected to the lake, supplies the necessary energy distributed throughout the house as in-floor radiant heating. During the summer the expansive overhangs help keep the residence cool. A highly reflective roof keeps out excessive heat, as does the natural cross ventilation. The entire residence is made from many locally harvested and manufactured materials.

Orienter astucieusement le bâtiment constituait un aspect primordial aux yeux de l'architecte : en automne, les arbres poussant au sud perdent leur feuillage, la chaleur du soleil pénètre dans la maison et peut réchauffer le sol en béton. Par contre, les conifères poussant au nord et à l'est protègent l'édifice des vents froids hivernaux. Une pompe géothermique pour l'eau du sol reliée au lac fournit la chaleur nécessaire pour le chauffage, laquelle est répartie de manière homogène par un système de chauffage au sol. En été, des encorbellements vastes peuvent être utilisé pour rafraîchir l'édifice. Le toit hautement réfléchissant et la ventilation croisée évitent tout réchauffement excessif. Le concepteur a opté pour des matériaux de production locale dans tout le bâtiment.

Wichtig war dem Architekten die behutsame Ausrichtung des Gebäudes: Im Herbst werfen die im Süden stehenden Bäume ihr Laub ab, Sonnenwärme dringt ins Gebäude ein und kann den Betonboden aufheizen. Die Nadelbäume im Norden und Osten dagegen schützen im Winter vor kalten Winden. Eine mit dem See verbundene, geothermale Erdwasserpumpe liefert die notwendige Heizwärme, die gleichmäßig über eine Fußbodenheizung verteilt wird. Im Sommer tragen weite Auskragungen zur Kühlung bei. Ein hochreflektierendes Dach schützt vor zu starker Erwärmung, ebenso die natürliche Kreuzventilation. Im ganzen Gebäude wurden lokal produzierte Materialien verwendet.

villa langbo / finland

Architect: Olavi Koponen, Helsinki, Finland / www.kolumbus.fi/olavi.koponen
Photos: Jussi Tiainen

Originally built as a farmstead, this house today serves as its owners' summer residence. Located on the western tip of the Finnis
island of Långholmen, it is hard to reach in the wintertime. Since the architect placed great value on the connection between ma
and nature, he positioned the U-shaped structure on the edge of a forest. The house blends into its environment owing in large part t
its pronouncedly transparent design. Large spaces were avoided: The individual rooms are lined up like boxes between the platform
above the forest floor and the plain, corrugated iron roof. The center of the structure accommodates the residential space enclose
in glass, to both sides of which are office and equipment rooms clad in wood. There's also a shingle-covered sauna—a must-have i
Finland.

Constituant à l'origine le centre du foyer familial d'une ferme, ce bâtiment est aujourd'hui utilisé par ses propriétaires comme rési
dence d'été, car la maison, située à la pointe occidentale de l'île finlandaise de Långholmen, est difficilement accessible en hiver e
raison des intempéries. L'architecte a tenu à rendre hommage à la relation étroite qui lie les hommes à la nature, aussi a-t-il intégré l
bâtiment dans le paysage et les arbres de la lisière de la forêt en lui conférant une forme de U et en optant pour un style de construc
tion délibérément transparent. Il a également renoncé aux grands volumes : les différentes pièces sont disposées comme des bo
entre la plate-forme installée sur le sol de la forêt et le toit simple en tôle ondulée. Au milieu se trouve la salle de séjour, entourée d
baies vitrées et encadrée sur les côtés par des salles fonctionnelles habillées de bois. La maison abrite également un sauna, élémen
indispensable dans le mode de vie finlandais, recouvert de bardeaux.

Das ursprünglich als Haushaltszentrum einer Farm konzipierte Gebäude wird inzwischen von den Eigentümern als Sommerresiden
genutzt, denn im Winter ist das an der westlichen Spitze der finnischen Insel Långholmen gelegene Haus witterungsbedingt nu
schwer erreichbar. Der Architekt legte Wert auf die Verbindung des Menschen mit der Natur, weshalb er das Gebäude U-förmig i
den Baumbestand des Waldrandes integrierte. Zur Eingliederung in die Landschaft trägt auch die betont transparente Bauweise bei
Große Volumina wurden vermieden: Wie Boxen sortieren sich die einzelnen Räume zwischen der Plattform über dem Waldboden und
dem einfachen Wellblechdach. In der Mitte befindet sich der ringsum verglaste Wohnraum, an den Seiten umrahmt von holzverkleide
ten Funktionsräumen. Außerdem gibt es eine mit Schindeln bedeckte, für finnische Verhältnisse obligatorische Sauna.

...e simple, narrow supports of the structure reiterate the verticality of the fir ...ees surrounding it.

...s piliers simples et minces de l'édifice rappellent la verticalité des conifè-...s élancés qui entourent la maison.

...e einfachen, schmalen Stützen der Konstruktion wiederholen die Vertikali-...t der schlanken Nadelbäume ringsherum.

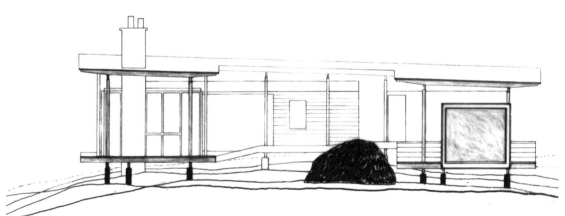

South elevation Élévation sud Südlicher Aufriss

e U-shaped house opens towards the seashore. The transparent design
rmits the eye to scan the countryside freely, whereas the residence itself is
ly partially visible from the sea.

plan en forme de U s'ouvre sur la rive du lac. La transparence de la
nstruction offre un panorama ininterrompu, alors que la maison n'est que
rtiellement visible depuis le lac.

e U-Form des Grundrisses öffnet sich zum Seeufer hin. Aufgrund der trans-
renten Bauweise schweift der Blick ungehindert in die Landschaft, während
s Haus selbst vom See aus nur in Teilen gesehen werden kann.

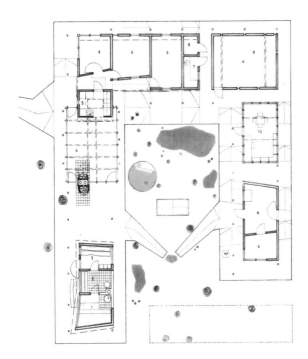

Plan   Plan   Grundriss

green facts

The residence was designed to blend into nature without significantly altering it. Integrating the open construction into the forest required only a small number of trees to be felled, none of which was old. Another advantage of this integration is that the trees shield the house against the bracing winds of this region. Nor was it necessary to remove large amounts of earth to make room for the structure, whose supports are anchored in the ground in only a few places. Aside from the iron of the roof, the only material used was local wood, which, was transported by horses to a processing site, where it was manually assembled. All materials are recyclable. If the structure were to be leveled one day, it would take only a few years for all traces of it to vanish.

Le bâtiment devait se fondre dans la nature en la modifiant le moins possible. Pour intégrer cette construction ouverte dans la forêt, il n'a fallu abattre que quelques jeunes arbres. Le peuplement forestier s'avère par ailleurs très utile, car il protège l'édifice contre les vents rudes de la région. Il n'a pas été nécessaire non plus de creuser le sol sur une grande surface en raison du nombre réduit de piliers porteurs qui y sont ancrés par endroits. Sauf pour le toit, on a utilisé uniquement du bois local en l'acheminant jusqu'ici avec des chevaux et assemblé à la main. Tous les matériaux sont recyclables. Si le bâtiment devait être détruit un jour, on n'en verrait plus aucune trace quelques années plus tard.

Das Gebäude soll mit der Natur verschmelzen ohne sie tiefgreifend zu verändern. Für die Eingliederung der offenen Konstruktion in den Wald wurden nur wenige und keine alten Bäume gefällt. Ein weiterer Vorteil dieser Integrierung ist der Schutz der Anlage vor den rauen Winden der Gegend durch die Bäume. Auch der Boden musste nicht großflächig ausgehoben werden, nur punktuell belasten ihn die tragenden Stützen. Abgesehen vom Dach wurde ausschließlich lokales Holz verarbeitet, das mit Pferdekraft zum Bauplatz gebracht und manuell zusammengebaut wurde. Alle Materialien sind wiederverwertbar. Würde das Gebäude einst abge-rissen, wären nach ein paar Jahren keine Spuren mehr von ihm vorhanden.

travis price residence / usa

Architect: Travis Price Architects, Washington D.C., USA / www.travispricearchitects.com
Photos: Kenneth M. Wyner

Right at the center of Washington, D.C., the architects erected a house surrounded by green: Rock Creek Park, with its tall trees an rock escarpments, inspired the unusual statics of this three-story single-family home. Built on top of a rock cliff, two-thirds of th residence's weight is borne by steel cables that spread out over the residence like the branches of an oak tree. With the aid of tw steel pillars embedded in the concrete foundation, the remaining third rests on a ground-floor base. The actual structure therefor does not touch the ground, but is instead "suspended" between heaven and earth. Owing to its broad window front, the interior this over 300 m² (320 sq ft) structure would seem to extend into the woods. The main floor, with its fluid transitions between kitche living room and dining area, is dominated by the central loft above.

C'est en plein centre de Washington que les architectes ont construit la résidence, dans un environnement verdoyant. Le Rock Cree Park, avec ses grands arbres et ses langues rocheuses, leur a inspiré la statique inhabituelle de cette maison individuelle de troi étages, construite sur une arête de rocher. Deux tiers du poids de l'édifice sont suspendus à des câbles en acier, tendus autour d la maison comme les bras d'un chêne. Le dernier tiers repose sur un soubassement grâce à deux piliers en acier enfoncés dans un chappe en béton. Ainsi, la structure proprement dite ne touche pas le sol : elle est comme «suspendue» entre le ciel et la terre. Doté d'une large baie vitrée, la pièce principale de ce bâtiment de plus de 300 m² semble se prolonger dans la forêt. À l'intérieur, le nivea principal imposant constitue la partie centrale du loft et permet de passer directement de la cuisine à la salle de séjour et à la sal à manger.

Mitten im Zentrum von Washington bauten die Architekten in grüner Umgebung: Der Rock Creek Park mit seinen hohen Bäumen un Felszungen inspirierte sie zu der ungewöhnlichen Statik des dreigeschossigen Einfamilienhauses. Erbaut über einer Felskante, hän gen zwei Drittel des Gebäudegewichts an Stahlseilen, die sich wie die Arme einer Eiche über das Haus ziehen. Das restliche Dritte stützt sich auf ein Sockelgeschoss mit zwei in einem Betonfundament versenkten Stahlpfeilern. So berührt die eigentliche Struktu den Boden nicht, sondern „hängt" zwischen Himmel und Erde. Der „gefühlte" Raum des mehr als 300 m² großen Baukörpers schein sich durch die großzügige Fensterfassade in den Wald auszudehnen. Im Inneren dominiert das Hauptgeschoss als zentraler Loftbe reich mit fließend ineinander übergehenden Abschnitten für Küche, Wohn- und Esszimmer.

On the top floor, the workspace opens on to the living room below, which occupies two stories. Wood sourced from sustainable forestry as well as glass are the predominant materials inside. On the top floor, the bedroom turns into a cupola of foliage, thanks to its panorama window.

Au deuxième étage, l'espace réservé au travail s'ouvre sur la salle de séjour située en dessous, cette dernière s'étendant ainsi sur deux étages. Pour l'intérieur, les architectes ont privilégié du bois issu d'une exploitation forestière durable ainsi que du verre. À l'étage supérieur, la chambre à coucher entièrement vitrée est immergée dans la végétation du toit.

In der zweiten Etage öffnet sich der Arbeitsbereich zum darunter liegenden Wohnzimmer, wodurch sich Letzteres über zwei Etagen erstreckt. Holz aus nachhaltiger Forstwirtschaft sowie Glas bestimmen die Materialwahl im Inneren. Im Obergeschoss taucht das rundum verglaste Schlafzimmer ins Blätterdach ein.

Cross section   Section transversale   Querschnitt

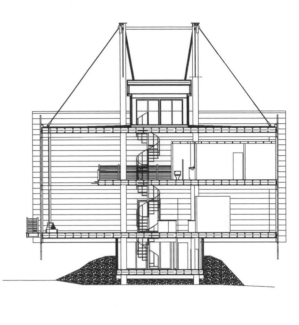

Longitudinal section   Section longitudinale   Längsschnitt

green facts

The location of this house, in the middle of the park, called for special measures: Using only three points for the foundation—one for the base of the residence and two for anchoring the steel cables—allowed the architects to minimize the impact on the site, the surrounding oaks and their system of roots. The shade provided by these trees is, in turn, essential for keeping the residence cool and protecting it from ultraviolet rays. The house's façade of transparent insulating glass opens on to the forest of Rock Creek Park. The side where you enter, on the other hand, boasts copper cladding, whose durability contributes to preserving the environment. The green roof insulates the top floor against heat in the summer and against cold in the winter to conserve energy.

Il s'est révélé indispensable de recourir à des mesures particulières pour pouvoir construire la maison au milieu du parc. Grâce à seulement trois fondations ponctuelles (pour le soubassement de la maison et le support des câbles en acier), les architectes ont pu préserver le sol, les racines et les chênes environnants. L'ombre prodiguée par les arbres ayant été sauvés est très importante pour rafraîchir le bâtiment et le protéger des rayons UV. L'architecture s'ouvre sur la forêt du Rock Creek Park avec une façade en verre transparent isolant. En revanche, l'entrée a été dotée d'un habillage en cuivre qui est moins agressif pour l'environnement en raison de sa longue durée de vie. Un toit végétalisé isole l'étage supérieur de la chaleur en été et du froid en hiver, ce qui permet d'économiser de l'énergie.

Die Lage mitten im Park erforderte besondere Maßnahmen: Mit nur drei punktuellen Fundamentierungen – für den Sockel des Hauses und die Halterung der Stahlseile – konnten die Architekten den Boden, das Wurzelwerk und die umgebenden Eichen schonen. Die Beschattung durch die geretteten Bäume ist wiederum für die Kühlung und den UV-Schutz des Bauwerks wichtig. Zum Wald des Rock Creek Parks hin öffnet sich die Architektur mit einer Fassade aus transparentem Isolierglas. Die Eingangsseite hingegen trägt eine Kupferverkleidung, die aufgrund ihrer langen Haltbarkeit die Umwelt weniger belastet. Eine Dachbegrünung isoliert das Obergeschoss im Sommer gegen Hitze und im Winter gegen Kälte und spart so Energie ein.

longhouse / usa

Architect: Dan Rockhill and Associates, Lecompton, Kansas, USA / www.rockhillandassociates.com
Photos: Dan Rockhill

Located in an agricultural area, this flat, single-story farm building is 46 meters (151 ft) long and blends in with the wide prairie in which it stands. A hill, whose grass seems to be an extension of the green roof of this farm, protects the house from strong northerly winds. A conventional wood framework comprises the exterior of the house, which is clad in limestone, mortar and light-colored corrugated sheet. It all started out with an unusual ground plan inspired by a room-within-a-room concept: Workspaces clad in birch wood are separated from the external walls by means of narrow hallways, creating a considerable amount of flexibility. Each of the axially aligned rooms of the living space is sufficiently lit by the uninterrupted, floor-to-ceiling windows facing south. The north side, by contrast, is enclosed, its inside lined with wall cupboards.

Érigée dans une zone agricole, la ferme d'un étage de 46 m de long et au toit plat se fond dans le vaste paysage. Une colline, dont l'herbe qui y pousse semble s'étendre sur le toit végétalisé de la maison, protège au nord la maison des vents violents. Le cadre extérieur est formé par une structure traditionnelle en bois qui a été enveloppée de pierre calcaire, de mortier et d'une tôle ondulée claire. Le résultat est un plan de maison inhabituel inspiré du concept «room-in-room»: les pièces fonctionnelles, entièrement entourées de bois de bouleau, sont séparées des murs extérieurs par des couloirs étroits, ce qui confère une grande flexibilité à l'espace. Étant donné leur disposition axiale, les pièces du séjour reçoivent suffisamment de lumière par les fenêtres continues, aussi hautes que la pièce et orientées sud. La façade nord aveugle crée un contraste et a été dotée d'armoires murales à l'intérieur.

Eingebettet in eine landwirtschaftliche Zone fügt sich das 46 Meter lange, flache und eingeschossige Farmgebäude in die weite Landschaft. Ein Hügel, dessen Grasfläche sich auf dem begrünten Dach des Hauses fortzusetzen scheint, schützt das Haus im Norden vor heftigem Wind. Den äußeren Rahmen bildet eine konventionelle Holzrahmenstruktur, die mit Kalkstein und Mörtel sowie hellem Wellblech verschalt wurde. Es entstand ein ungewöhnlicher Grundriss, der von einem Raum-im-Raum-Konzept inspiriert wurde: Die ringsum mit Birkenholz verkleideten Funktionsräume sind von den Außenwänden durch schmale Flure getrennt, wodurch große Flexibilität erzielt wurde. Jeder der axial angeordneten Räume des Wohnbereichs erhält durch die durchgehenden und raumhohen, nach Süden ausgerichteten Fenster genügend Licht. Im Kontrast dazu steht die geschlossene Nordseite, die auf der Innenseite mit Wandschränken ausgestattet wurde.

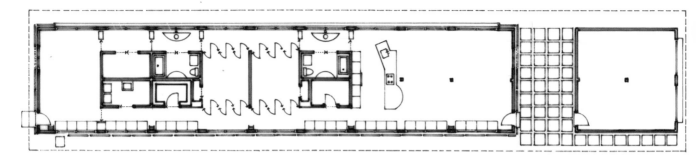

Plan Plan Grundriss

While the south side of the house offers sweeping views of the prairie from
the patio between the garage and living space as well as from the living space
itself, the entire north side is closed off to shelter the structure against the
northern winds.

Lors que la façade sud offre des vues panoramiques sur le paysage aussi bien
dans les pièces de séjour que dans le patio ouvert entre le garage et la zone
de séjour, l'ensemble de la façade nord est aveugle et par conséquent protégé
des vents nordiques.

Während sich auf der Südseite sowohl vom offenen Patio zwischen Garage
und Wohnbereich als auch von den Wohnräumen aus weite Blicke in die Landschaft bieten, ist die gesamte Nordseite geschlossen und so gegen Nordwinde
geschützt.

s green roof enables the architecture to merge with the surrounding grasslands.

râce au toit végétalisé, l'architecture plate se fond dans la prairie environnante.

ank ihrer Dachbegrünung verschmilzt die flache Architektur mit der umge-
enden Wiesenlandschaft.

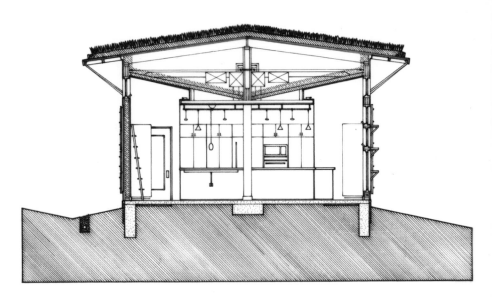

Cross section   Section transversale   Querschnitt

green facts

Covered with grass and wild flowers, the well-insulated, overhanging roof protects the house from excessive heat in the summer while minimizing heat loss in the winter. Because of its southern orientation, the house benefits from the heat of the sun, which is retained in the concrete floor serving as a thermal mass. The floor is also equipped with heating pipes that can be fed from a boiler. The long, narrow shape of the house utilizes a cross-ventilation system that draws in air from below in the south and blows it out on the upper north side. The well-insulated walls were built from materials typical of the region, such as locally quarried limestone.

Recouvert de pelouse et de fleurs sauvages, le toit en saillie hautement isolé protège le bâtiment des rayons violents du soleil en été et limite la perte de chaleur en hiver. Orientée sud, la maison bénéficie de la chaleur du soleil qui est accumulée dans le sol en béton servant de masse thermique. De plus, le sol a été équipé de tuyaux de chauffage qui peuvent être alimentés par une chaudière. L'architecture longue et étroite utilise le système de la ventilation croisée naturelle : côté sud, l'air est aspiré vers le bas et évacué vers le haut sur la façade nord. Des matériaux de construction typiques de la région, comme la pierre calcaire, ont été utilisés pour les murs considérablement isolés.

Das mit Rasen und Wildblumen bedeckte, hochisolierte, vorkragende Dach schützt das Gebäude im Sommer vor zu starker Sonneneinstrahlung und reduziert im Winter den Wärmeverlust. Durch seine Südausrichtung profitiert das Haus von der Solarwärme, die im als thermische Masse dienenden Betonboden gespeichert werden kann. Zusätzlich wurde der Boden mit Heizrohren ausgestattet, die von einem Heizkessel gespeist werden können. Die schmale, lange Architektur nutzt das System natürlicher Kreuzventilation, bei der die Luft im Süden von unten angezogen und an der Nordseite nach oben wieder entlassen wird. Typische Baumaterialien der Gegend wie der einheimische Kalkstein fanden Verwendung bei der Errichtung der stark isolierten Wände.

house on the slope / germany

Architect: Ulrich Warner, wbc-baucontrolling, Aachen, Germany / www.wbc-baucontrolling.de
Structural engineer: Prof. Dr.-Ing. Joachim Vorbrüggen, VSI, Aachen, Germany / www.ing-vsi.de
Photos: Rainer Mader, archenova

This minimalist structure consists of two two-story dwelling units with reverse-mirror ground plans and serves as a holiday retreat for two families. Constructed on a steep slope, it is perched on long, exposed concrete pillars. Its floor-to-ceiling glass front on the south façade, opening onto beautiful Ahrtal in Germany's Eifel Region, makes it resemble a raised hunter's hide. On this side, the structure boasts a spacious deck supported by three steel beams. It gives residents the feeling of being part of the Eifel countryside as they take in the unforgettable view of the valley and its extinct volcano. A widely overhanging roof provides shelter from the sun. The north side of the structure, however, is windowless.

Composé de deux unités d'habitation de deux étages disposées symétriquement, le petit cube de construction constitue une résidence de vacances pour deux familles. Elevé sur une pente escarpée, il s'appuie sur deux longs piliers en béton brut et ressemble à un affût perché. La façade sud vitrée, qui s'étend sur toute la hauteur de la maison, donne sur la vallée de l'Ahr. De ce côté, une terrasse spacieuse soutenue par trois supports en acier a été aménagée devant la maison. Les occupants se sentent ainsi entièrement intégrés dans le paysage de l'Eifel et bénéficient d'une vue panoramique sur la vallée, avec un volcan éteint au lointain. Le toit en saillie protège des rayons trop violents du soleil et à l'intérieur, une protection solaire supplémentaire a été dissimulée dans une niche. En revanche, la façade nord de la maison, qui donne sur la pente, est aveugle.

Der reduzierte Baukubus bildet mit zwei spiegelbildlich angeordneten, zweigeschossigen Wohneinheiten ein Feriendomizil für zwei Familien. An einem steilen Hang errichtet, stützt er sich auf lange Sichtbetonpfeiler und wirkt durch die zum Ahrtal hin geöffnete haushoch verglaste südliche Fassade wie ein Hochsitz. Auf dieser Seite ist dem Haus eine geräumige Terrasse vorgelagert, die von drei Stahlträgern gestützt wird. Die Bewohner fühlen sich so mitten in die Eifellandschaft versetzt und genießen den unverbaubaren Ausblick ins Tal bis hin zu einem erloschenen Vulkan. Ein weit überstehendes Dach schützt vor zu starker Sonneneinstrahlung und ein innen liegender zusätzlicher Sonnenschutz ist in einer Nische verborgen. Die zum Hang ausgerichtete Nordseite des Hauses ist hingegen geschlossen.

For the interior, it was important to the owners to use low-pollutant materials, thus the wood floors, for example, were sealed with wax and oil.

À l'intérieur, l'architecte a privilégié l'utilisation de matériaux non nocifs. Par exemple, tous les parquets ont été vitrifiés avec de la cire ou de l'huile.

Im Innenbereich wurde Wert auf die Verwendung schadstoffarmer Materialien gelegt. So wurden zum Beispiel alle Holzböden mit Wachs oder Öl versiegelt.

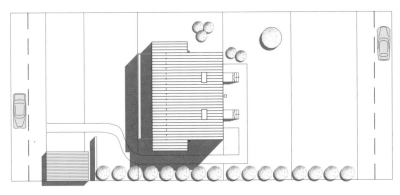

Site plan   Plan de situation   Umgebungsplan

Accessible from both units, the terrace on the south side creates a transition between the inside and the outside, while providing both families with a large outdoor space.

Accessible à partir des deux unités d'habitation, la terrasse sud crée une liaison entre l'intérieur et l'extérieur, ainsi qu'un grand espace de séjour en plein air pour les deux familles.

Die von beiden Wohneinheiten zugängliche Südterrasse schafft einen Übergang zwischen innen und außen und einen großzügigen Freiluftwohnraum für beide Familien.

Placing the structure on concrete pillars, which bear most of its weight, meant having to seal only small areas of the soil. The use of porous surfaces for the landscaping around the house enables rainwater to seep quickly into the ground.

Le bâtiment ayant été disposé sur des piliers en béton qui supportent la plus grande partie du cube, il n'a fallu sceller qu'une surface réduite du sol. L'application de revêtements perméables lors de la finition des surfaces en plein air, qui entourent la maison, permet à l'eau de pluie de s'écouler sans problème.

Durch die Lagerung des Gebäudes auf Betonstützen, die den Großteil des Kubus tragen, wird nur wenig Bodenfläche versiegelt. Die Verwendung von versickerungsfähigen Belägen bei der Gestaltung der umliegenden Freifläche lässt das Regenwasser problemlos verrinnen.

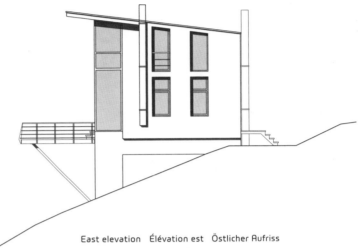

East elevation   Élévation est   Östlicher Aufriss

green facts

The glass façade facing south allows for the use of passive solar energy. At the same time, solar collectors erected on the roof deliver the energy necessary for supplying hot water, while supporting the heating system in the winter. And when the temperatures really start to drop, a central wood-fired heater stands by as a backup. The external walls and the concrete ceiling are well insulated with perlite-filled space, preventing the structure from getting too warm in the summer. It was built with recyclable mineral building and insulation materials. Using local contractors and materials resulted in reducing logistics and saving resources.

La façade sud en verre permet d'utiliser passivement les rayons du soleil. Parallèlement à cela, les deux capteurs solaires installés sur le toit fournissent l'énergie nécessaire à la production de l'eau chaude. En hiver, ils viennent compléter le système de chauffage. Par grand froid, on peut aussi utiliser un chauffage central au bois ainsi que des inserts. Grâce à l'isolation très performante des murs extérieurs et du plafond en béton surmontant un coussin d'air avec des perlites, la structure du bâtiment est protégée des excès de chaleur en été. Le concepteur a choisi des matériaux minéraux recyclables pour la construction et isolation. Il a fait appel à des entreprises locales et utilisé des matériaux disponibles sur place, limitant ainsi les trajets et les frais d'énergie concomitants.

Durch die Glasfassade im Süden kann die Sonneneinstrahlung passiv genutzt werden. Gleichzeitig liefern auf dem Dach aufgeständerte Solarkollektoren die nötige Energie für die Warmwasserbereitung. Im Winter unterstützen sie das Heizsystem. Bei größerer Kälte kommen zusätzlich eine zentrale Stückholzheizung sowie Kaminöfen zum Einsatz. Durch die dicke Dämmung der Außenwände und der Betondecke über einen Luftraum mit Perliten wird der Baukörper im Sommer vor Überhitzung geschützt. Bei der Errichtung des Gebäudes fanden recyclebare mineralische Bau- und Dämmstoffe Verwendung. Die Beauftragung lokaler Unternehmen und der Einsatz von vor Ort verfügbaren Materialien verkürzte die Transportwege und reduziert den damit verbundenen Energieaufwand.

speake house / usa

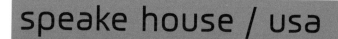

Architect: Obie G. Bowman, Healdsburg, California, USA / www.obiebowman.com
Photos: Tom Rider

Erected at right angles to the coastline, this house with its multitude of windows provides a splendid view of Clear Lake and Mount Konocti to the southwest. This alignment optimizes the use of natural light in the interior. With its pronouncedly elongated axis and "deck," this private residence suggests the shape of a ship. When walking the entire length of the home, one can't help but notice the way it follows the slope of the hill down toward the lake. At the end of this decline is the living room—which appears to be integrated into the bow of a ship and rise above the cliffs. The gable architecture likewise evokes the image of a ship. The main sleeping area was built several paces from the principal structure, in the midst of a clearing to the north, and is accessible via a bridge.

Érigé perpendiculairement à la côte, ce bâtiment doté de nombreuses fenêtres offre une vue panoramique sur le Clear Lake et le Mount Konocti au sud-ouest. Cette orientation rend la plupart des pièces très lumineuses. Dotée d'un axe longitudinal accentué et d'un pont, cette maison particulière rappelle la forme d'un bateau. En la traversant sur sa longueur, on descend la pente en direction du lac, jusqu'à la salle de séjour : cette dernière est intégrée dans la proue du bateau et se dresse au-dessus des brisants. L'architecture du pignon rappelle également un bateau. La chambre à coucher principale en retrait se trouve au milieu d'une clairière située au nord : on y accède par un pont.

Im rechten Winkel zur Küstenlinie errichtet, bietet das mit vielen Fenstern ausgestattete Gebäude eine großzügige Aussicht auf den Clear Lake und den Mount Konocti im Südwesten. Diese Ausrichtung erlaubt es, die meisten Räume optimal mit Licht zu versorgen. Mit betonter Längsachse und Deckbildung erinnert das Privathaus an die Form eines Schiffs. Wer das Haus der Länge nach durchschreitet bemerkt die Abwärtsbewegung gemäß der Hanglage Richtung See, an deren Ende sich das Wohnzimmer befindet – gleichsam in den Bug des Schiffes integriert und über den Klippen aufragend. Auch die Giebelarchitektur erinnert an ein Schiff. Der abseits erbaute Hauptschlafraum liegt inmitten einer nördlichen Lichtung und ist über eine Brücke zugänglich.

The gable architecture defines the atmosphere inside, while earth tones harmonize with the surrounding environment.

L'architecture du pignon confère une sensation de bien-être à l'intérieur. Les nuances couleur terre harmonisent avec le paysage environnant.

Die Giebelarchitektur bestimmt das Wohngefühl im Inneren. Erdfarbene Töne streben eine Harmonisierung mit dem landschaftlichen Umfeld an.

conceptual
sketch from
south-west

narrow foundation allows the house to fit right in with the surrounding
untryside and its trees.

raison de son étroitesse, la maison s'intègre à merveille dansle paysage et
peuplement forestier.

rch seinen schmalen Grundriss fügt sich das Gebäude optimal in die Land-
haft und den Baumbestand ein.

espite numerous windows, the low-emission glass coating, seen here in
e glass frame of the bridge leading to the main sleeping area, prevents the
oms from overheating.

algré de grands vitrages, le revêtement du verre qui rejette peu de silicates,
omme ici sur la passerelle vitrée menant à la chambre à coucher principale,
vite que les pièces ne soient surchauffées.

otz großzügiger Befensterung reduziert die niedrig emittierende Beschich-
ng des Glases, wie hier am verglasten Brückenübergang zum Hauptschlaf-
um, ein übermäßiges Aufheizen der Räume.

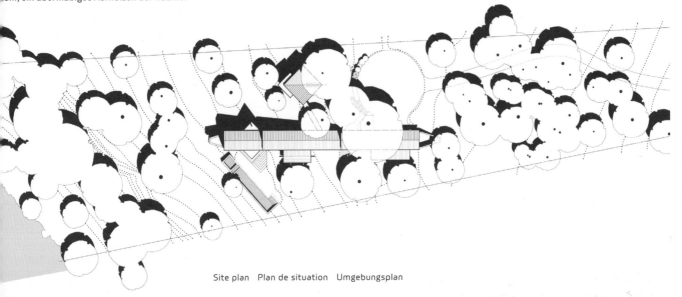

Site plan   Plan de situation   Umgebungsplan

green facts

The brief for this house, built on a 7 km² (1.73 a) plot of land, stipulated that as many oak trees as possible were to remain standing. For that reason, and in order to maximize the use of solar energy, the architects decided in favor of the north-south alignment and the elongated shape of the house. Roof projections, horizontal brise-soleils, deciduous trees and the rising deck provide shade during the hot summer months. Two passive cooling chimneys bleed off summer heat from the master bedroom. Constructing the house on pillars minimized the impact the building has on the root systems of the surrounding trees.

Sur le terrain d'environ 7 km², il était important de couper le moins de chênes possible pour bâtir la maison. C'est pour cette raison, mais aussi pour exploiter au maximum la chaleur du soleil, que les architectes ont choisi une orientation nord-sud et une forme oblongue. Les corniches, les lames horizontales, les feuillus et le pont en saillie créent de l'ombre en été. Dans la chambre à coucher principale, deux puits aérage contribuent au rafraîchissement passif, car elles laissent passer la chaleur d'été par l'effet de cheminée. L'édifice a été placé sur des piliers afin de protéger la plupart des racines.

Auf dem ca. 7 km² großen Grundstück sollten für die Errichtung des Hauses so wenig Eichen wie möglich gefällt werden. Aus diesem Grund, und weil man die Sonnenwärme optimal ausnutzen wollte, entschied man sich für die Nord-Süd-Ausrichtung und die längliche Form des Gebäudes. Dachüberhänge, Horizontal-Lamellen, Laubbäume und ein vorkragendes Deck spenden Schatten im heißen Sommer. Durch den durch zwei Lüftungsschächte erzeugten Kamineffekt entweicht die Sommerhitze aus dem Hauptschlafraum. Zwei Kamine tragen hier zur passiven Kühlung bei, da sie kalte Nachtluft hereinströmen lassen. Die Lagerung des Gebäudes auf Pfeilern vermindert die Belastung des Wurzelwerks.

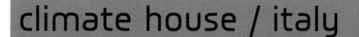

climate house / italy

Architect: Albert Willeit, Gais, Italy / www.willeit-arch.it
Photos: Fotostudio Eheim

This low-energy house with 185 m² (1,991 sq ft) of living space was built on the edge of the village of Gais in northern Italy. Its larg windows offer a sweeping view of the valley, fields, meadows and mountains to the south. It took only three days to erect the she using prefabricated wall elements made by screwing together solid wood panels. The façade, which is dominated by native tamarac wood, was then put into place. The main structure takes up the motif of a colonnade: Thin wooden columns support a cantilever roc to keep the south side shady. Since the roof is covered with extensive greenery, another place was found for the swiveling solar-pane system—in front of the house as a separate unit. One of the peculiarities of the region—the presence of the radioactive inert gas ra don—was countered by means of drainage pipes underneath the foundation plate.

Non loin du village de Gais, le planificateur a conçu pour sa famille et lui une maison à faible consommation d'énergie d'une surface ha bitable de 185 m². Les grandes fenêtres orientées sud offrent une vue imprenable sur la vallée, les champs, les prés et les montagne Réalisé à base d'éléments muraux préfabriqués (panneaux en bois massif assemblés par vissage), le gros œuvre a pu être monté e l'espace de trois jours. Plus tard, l'enveloppe extérieure du bâtiment a été recouverte presque dans sa totalité avec du bois de mélèz local. Le corps principal reprend le motif du portique : d'étroits montants en bois soutiennent un auvent qui ombrage le côté sud. L toit ayant été doté d'une végétation extensive, on a installé l'unité de capteurs solaires pivotants à un autre endroit : elle constitu un élément autonome placé devant le bâtiment. Les tuyaux de drainage posés sous la plaque de fondation servent à neutraliser l présence de radon, un gaz inerte radioactif typique de la région.

Am Dorfrand von Gais hat der Planer für sich und seine Familie ein Niedrigenergiehaus mit 185 m² Nutzwohnfläche erbaut, das mittel großer Südfenster Aussichten auf Tal, Felder, Wiesen und Berge eröffnet. Der Rohbau aus vorgefertigten Wandelementen aus zusam mengeschraubten Massivholzplatten konnte innerhalb von drei Tagen aufgestellt werden. Später hat man die Außenhaut größtenteil mit einheimischem Lärchenholz verschalt. Der Hauptbaukörper greift das Motiv des Portikus auf: Schmale Holzträger stützen ei Vordach, das der Verschattung der Südseite dient. Da das Dach mit extensiver Begrünung ausgestattet wurde, hat die schwenkbar Solarkollektorenanlage einen anderen Platz gefunden: Sie wurde dem Gebäude als eigenes Element vorgelagert. Einer Besonderhei der Gegend, dem Vorkommen des radioaktiven Edelgases Radon, wurde mit Drainagerohren unter der Fundamentplatte entgegenge wirkt.

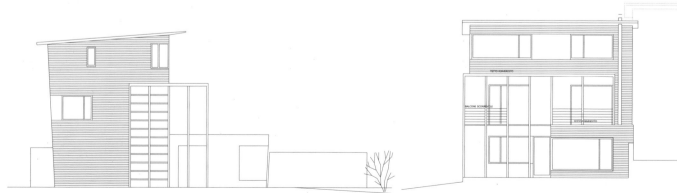

West elevation   Élévation ouest   Westlicher Aufriss

South elevation   Élévation sud   Südlicher Aufriss

Throughout the entire house, only natural materials were used, such as native tamarack wood for the halls. To maximize the effectiveness of solar heat during the winter, the planner decided to install super glass.

La maison entière doit son caractère écologique à l'utilisation de matériaux de construction exclusivement biologiques, comme le bois de mélèze local dans les couloirs. Afin d'améliorer en hiver la production de chaleur par les capteurs solaires, le planificateur a opté pour le système Superglass.

Im ganzen Haus wurden nur baubiologische Materialien verwendet, wie beispielsweise einheimisches Lärchenholz für die Dielen. Zur Maximierung der solaren Wärmegewinne im Winter entschied sich der Planer für das Einsetzen von Supergläsern.

Allowing greenery to grow on flat roofs is a beautiful and sensible solution—another perfect insulation zone for the house.

La végétation extensive, qui embellit les toits plats, est belle et très judicieuse : elle permet à la maison de bénéficier d'un espace tampon optimal.

Bei Flachdächern ist eine Extensivbegrünung schön und sehr sinnvoll. Das Haus erhält so eine optimale Pufferzone.

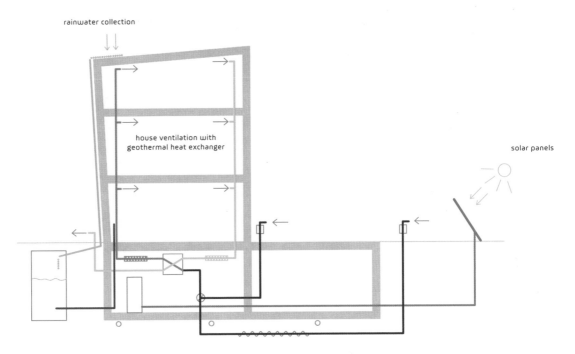

rainwater collection

house ventilation with
geothermal heat exchanger

solar panels

Energy diagram   Diagramme énergétique   Energiediagramm

green facts

Low-energy houses don't make a difference simply by being aligned towards the south: They must also be very well insulated. Therefore, a 20 cm (8 in) thick cellulose layer has been installed between the exterior wood fiberboard and the main structure. Clay bricks and marble grit insulate the floors of the individual stories. A ventilation system using a geothermal heat exchanger is augmented by a pellet heater, which consumes only about $ 300 worth of pellets a year. The solar collectors provide not only hot water but also heating in the winter. Water for the bathroom and garden comes from the rainwater tank, which is also allowed to overflow into the pond.

La construction d'une maison à faible consommation d'énergie doit respecter deux critères majeurs : une orientation sud et une isolation performante. C'est la raison pour laquelle il a été décidé d'insérer une couche de cellulose de 20 cm d'épaisseur entre les panneaux extérieurs en fibres de bois et la structure portante. Les sols des différents étages sont isolés par du torchis et du marbre concassé. Un chauffage d'appoint, qui ne consomme pour pas plus de 200 euros par an de granulés de bois, vient compléter l'aération contrôlée fonctionnant avec un échangeur géothermique. Les capteurs solaires sont utilisés pour produire de l'eau chaude ; en hiver, ils approvisionnent également l'unité de chauffage en énergie. Les chasses d'eau et le système d'arrosage du jardin sont alimentés par le réservoir d'eau de pluie qui s'écoule dans l'étang lorsqu'il est trop plein.

Neben der Südausrichtung ist eine starke Isolierung Voraussetzung für effektive Energiesparhäuser. So wurde zwischen den äußeren Holzfaserplatten und der tragenden Struktur eine 20 cm starke Zelluloseschicht eingefügt. Lehmziegel und Marmorsplitt dämmen die Böden der einzelnen Geschosse. Eine kontrollierte Lüftung mit Erdwärmetauscher wird durch eine Pelletsheizung ergänzt, die im Jahr Material im Wert von nur 200 Euro verbraucht. Die Sonnenkollektoren dienen nicht nur der Warmwasserbereitung, sondern versorgen im Winter auch die Heizung mit Energie. Toilettenspülung und Gartenbewässerung werden aus dem Regenwasserspeicher gespeist, der in den Gartenteich überlaufen kann.

house in schurwald / germany

Architect: Tina Volz, Stuttgart, Germany & Michael Resch, Langenargen, Germany
www.architektin-tv.de / www.resch-architekten.de
Energy consultant: ee-plan Thomas Stark, Stuttgart, Germany / www.ee-plan.de
Photos: Andreas Keller

A question that many architects are confronted with is: "How can I balance contemporary design with strict building codes and the efficient use of renewable energy?" In this house, the architects installed 66 solar panels on the larger, less inclined section of the roof facing southwest. In doing so, they were able to incorporate into their design the kind of traditional gable roof that is so typical of the Schurwald region. Sliding doors enable the façade to be opened up to a width of 3.60 meters (12 ft) without any annoying center pillar, dissolving the boundary between the inside rooms and the outward in the summertime. Moreover, the extensive glazing contributes to the use of passive solar energy and, with the aid of a geothermal pump and the photovoltaic panels, meets the total energy requirements of the house.

De nombreux maîtres d'œuvre sont contraints de relever le défi consistant à concilier un design contemporain avec des normes de construction très strictes et une utilisation efficace des énergies renouvelables. Dans cet exemple, les architectes ont installé 66 capteurs solaires sur la pente sud-ouest du toit (la plus grande et la plus plate), dans le respect de la tradition des toits à deux pentes typiques de cette région. Les portes coulissantes intégrées dans la façade permettent d'ouvrir cette dernière sur 3,60 m de largeur sans pilier intermédiaire gênant ; en période estivale, ce système permet l'extension « fluide » des pièces intérieures vers l'extérieur. De plus, la grande baie vitrée contribue à l'utilisation passive de l'énergie solaire, basée sur une pompe à chaleur géothermique et une installation photovoltaïque qui produisent suffisamment d'énergie pour la totalité de la maison.

Viele Bauherren sind mit der Frage konfrontiert: „Wie bringe ich zeitgenössisches Design mit strengen Bauvorschriften und einer effizienten Nutzung erneuerbarer Energien in Einklang?" In diesem Beispiel haben die Architekten 66 Solarpaneele auf die nach Südwesten ausgerichtete, größere und flacher abfallende Dachseite aufgebracht und somit die Tradition der für diese Region typischen Satteldächer erhalten. In das Fassadensystem integrierte Schiebetüren ermöglichen ein Öffnen der Fassade bis zu einer Breite von 3,60 m ohne störenden Mittelpfosten und erlauben so in den Sommermonaten die „fließende" Erweiterung der Innenräume nach außen. Darüber hinaus trägt die großflächige Verglasung zur passiven Nutzung der Sonnenenergie bei und sichert zusammen mit einer Erdwärmepumpe und der Photovoltaikanlage die komplette Energieversorgung des Hauses.

Inside, the width of the exposed concrete slabs, measuring 1.20 m (4 ft), serves as the grid for the glass panels, doors and built-in closets. The wooden cladding of the exterior skin is equipped with aluminum blinds that, when lowered, resemble wooden slats.

À l'intérieur, des panneaux en béton brut de 1,20 m de large servent de trame pour les vitrages, les portes et les armoires intégrées. Les stores en aluminium, qui ressemblent à des lames en bois lorsqu'ils sont baissés, ont été intégrés dans l'enveloppe en bois de la peau extérieure.

Im Inneren dient die Breite der Sichtbetonplatten von 1,20 m als Raster für Verglasungen, Türen und Einbauschränke. In das Holzverschalungssystem der Außenhaut sind Aluminiumjalousien integriert, die heruntergelassen die Struktur der Holzlamellen aufnehmen.

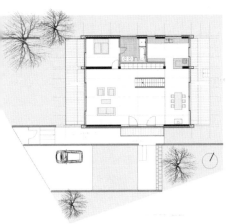

Ground floor   Rez-de-chaussée   Erdgeschoss

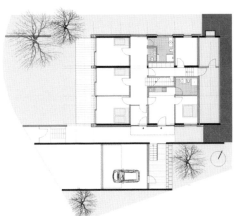

First floor   Premier étage   Erstes Obergeschoss

The parquet flooring with its soft hues and vivid patterns reduces the "cold" impression of the exposed concrete walls.

Les sols sont revêtus d'un parquet dont la couleur chaude et la structure variée atténuent la froideur des murs en béton brut.

Die Bodenbeläge aus Parkett mildern mit ihrer warmen Farbe und lebhaften Struktur den kühlen Eindruck der Wände aus Sichtbeton ab.

The exterior and interior design of the house is dominated by patterned areas of exposed concrete, wood and glass as well as by steel and the photovoltaic panels.

Les surfaces tramées en béton brut, en bois et en verre ainsi que l'acier et les cellules photovoltaïques déterminent l'apparence du bâtiment à l'intérieur comme à l'extérieur.

Gerasterte Sichtbeton-, Holz- und Glasflächen sowie Stahl und die Photovoltaikpaneele bestimmen die Gestaltung innen und außen.

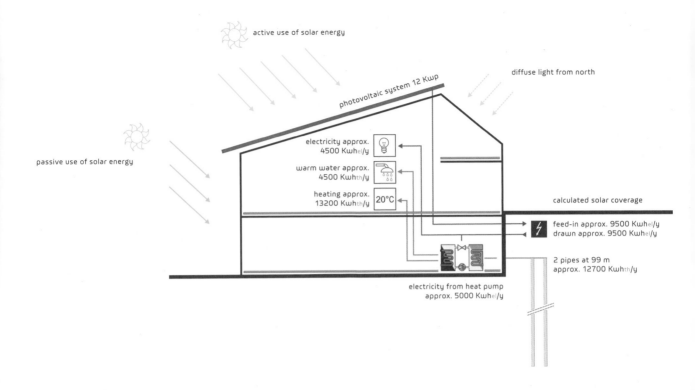

active use of solar energy

diffuse light from north

photovoltaic system 12 Kwp

passive use of solar energy

electricity approx.
4500 Kwhel/y

warm water approx.
4500 Kwhth/y

heating approx.
13200 Kwhth/y

20°C

calculated solar coverage

feed-in approx. 9500 Kwhel/y
drawn approx. 9500 Kwhel/y

2 pipes at 99 m
approx. 12700 Kwhth/y

electricity from heat pump
approx. 5000 Kwhel/y

Energy diagram   Diagramme énergétique   Energiediagramm

green facts

Owing to its compact design, insulation technology and use of solar energy, this house requires about 60 percent less heating than what is stipulated by the German building regulations on energy conservation. In addition to the photovoltaic panels for the power supply, two geothermal devices located 99 meters (327 ft) below the earth and a heating pump provide the energy needed for the floor heating and the hot-water supply. However, the power generated by solar energy is not used in the building itself. Instead, it is fed into the public power supply system. Therefore, the power generated by solar energy won't make itself felt physically, but instead financially.

Grâce au mode de construction compacte, à la technique d'isolation et à l'utilisation de l'énergie solaire, le besoin en chauffage est d'environ 60 pour cent inférieur aux exigences requises par la réglementation allemande sur l'économie d'énergie. Parallèlement à l'installation photovoltaïque qui sert à produire de l'électricité, deux sondes géothermiques installées à 99 mètres de profondeur et une pompe à chaleur fournissent l'énergie nécessaire pour le chauffage au sol et le traitement de l'eau chaude. En revanche, l'énergie produite par les capteurs solaires n'est pas utilisée directement dans le bâtiment ; elle est entièrement réintroduite dans le réseau public. Le besoin en énergie n'est donc pas couvert concrètement, mais de manière formelle dans le bilan annuel.

Dank der kompakten Bauweise, Dämmtechnik und passiven Nutzung von Sonnenenergie liegt der Heizwärmebedarf etwa 60 Prozent unter den Anforderungen der deutschen Energieeinsparverordnung. Neben der Photovoltaikanlage zur Stromerzeugung liefern zwei Erdsonden in 99 m Tiefe und eine Wärmepumpe die erforderliche Energie für die Fußbodenheizung und Warmwasserbereitung. Der solar erzeugte Strom wird allerdings nicht direkt im Gebäude verwendet, sondern vollständig in das öffentliche Netz eingespeist. Die Deckung des Strombedarfs erfolgt daher nicht physikalisch, sondern formal über die Jahresbilanz.

house of steel and wood / spain

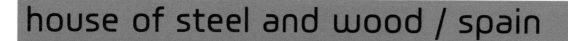

Architect: [ecosistema urbano] - Belinda Tato, Jose Luis Vallejo, Jorge Lobos, Madrid, Spain / www.ecosistemaurbano.com
Collaborator: Patricia Arroyo, Silvia Sanchez
Photos: Emilio P. Doiztua

Flexibility is what motivated the architects to reinterpret the traditional granary of this region. In this structure, they carry on an Asturian building tradition while taking into account the climatic and geographic particulars of the site. This two-story residence with its flexible floor plans stands on four columns and seems to float above the slope. This lends the residence a certain weightlessness and dynamism, while protecting it from ground moisture. Its folds and the dismountable wood-and-steel construction further underscore these qualities. As the glass front of the south façade lets in the sunlight, the almost uninterrupted wood paneling on the other sides prevents heat loss. To the north, an ante-room with a wooden screen protects against drafts.

Pour des raisons de flexibilité, les architectes ont renouvelé l'interprétation du modèle régional typique du grenier à blé. Ils sont restés fidèles à la tradition des Asturies tout en tenant compte des données climatiques et géographiques. La maison de deux étages repose sur quatre piliers et semble ainsi planer au-dessus du terrain en pente. Cette solution la protège de l'humidité du sol et lui confère autant de légèreté que de dynamisme. Sa configuration et la structure démontable en bois et en acier accentuent encore cette impression. Tandis que la façade sud en verre capte la lumière du soleil, un revêtement en bois recouvrant presque la totalité des autres façades évite les pertes de chaleur. Au nord, un hall d'entrée avec un paravent en bois sert également de protection contre le vent.

Aus Gründen der Flexibilität haben die Architekten das regionaltypische Kornkammermodell neu interpretiert. Damit stehen sie in der asturischen Tradition und berücksichtigen die klimatischen wie geografischen Gegebenheiten. Das zweistöckige Wohnhaus mit flexiblen Grundrissen steht auf vier Stützen und schwebt somit quasi über dem Hang. So ist es gegen Bodenfeuchtigkeit geschützt und wirkt leicht und dynamisch. Auch seine Faltung und die zerlegbare Holz-Stahl-Konstruktion unterstreichen diesen Charakter. Während die verglaste Südfassade das Sonnenlicht einfängt, werden durch eine fast durchgehende Holzabdeckung der übrigen Seiten Wärmeverluste vermieden. Im Norden schützt ein Vorraum mit Holzparavent zusätzlich gegen den Wind.

e apparently random combination of northern pine and Oregon pine helps
e residence blend in to its surroundings by giving its walls a natural tree
rk structure.

combinaison apparemment arbitraire de pins nordiques et de sapins de
uglas est censée intégrer la maison dans le paysage en suggérant la struc-
e naturelle des écorces d'arbres.

e scheinbar willkürliche Kombination aus Nordischer Kiefer und Douglasie
l das Haus in die Landschaft eingliedern, indem es ein Bild von natürlicher
umrindenstruktur suggeriert.

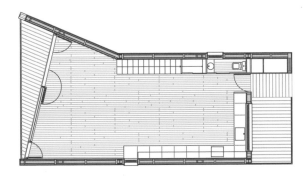

Ground floor   Rez-de-chaussée   Erdgeschoss

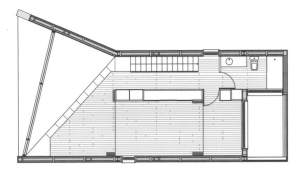

First floor   Premier étage   Erstes Obergeschoss

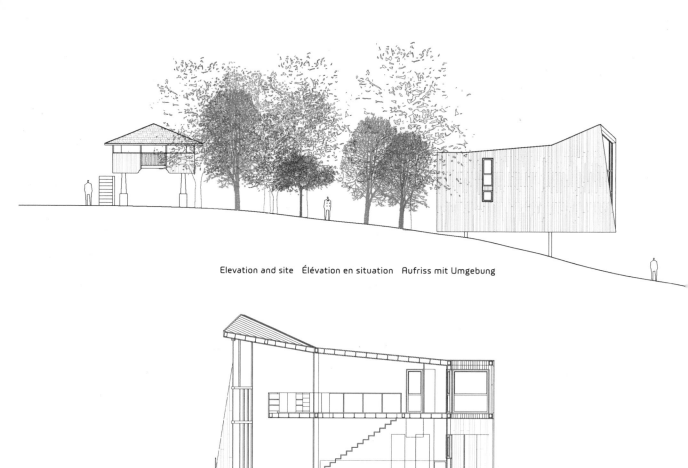

Elevation and site   Élévation en situation   Aufriss mit Umgebung

Longitudinal section   Section longitudinale   Längsschnitt

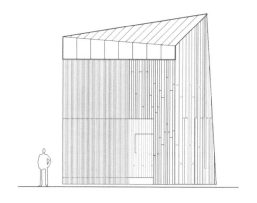

Elevation   Élévation   Aufriss

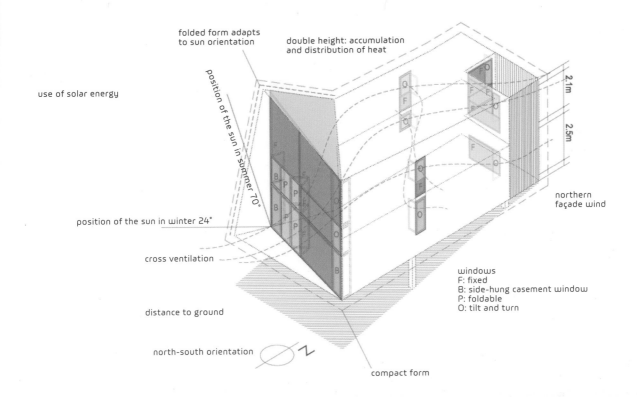

use of solar energy

folded form adapts to sun orientation

double height: accumulation and distribution of heat

position of the sun in summer 70°

position of the sun in winter 24°

cross ventilation

distance to ground

north-south orientation

compact form

2.1m

2.5m

northern façade wind

windows
F: fixed
B: side-hung casement window
P: foldable
O: tilt and turn

green facts

The structure was optimally integrated into the site so as to preserve the surrounding trees. Its column construction minimizes the load-bearing points on the ground. External heating or cooling sources are not needed. Firstly, the tall south façade lets in plenty of sunlight and, secondly, a ventilation system consisting of small window openings provides cross ventilation and coolness throughout the house. Even its division into two stories wasn't done solely for looks; it also contributes to optimal ventilation. Both building materials—wood and steel—are recyclable, and the wood of choice, northern pine and Oregon pine, are highly durable.

Le corps du bâtiment a été intégré du mieux possible dans l'environnement afin de préserver le peuplement forestier. Posé sur des piliers, il ne sollicite le sol que dans une faible mesure. L'ajout de sources de chaleur et de refroidissement externes a été superflu : d'une part, la façade sud, très haute, capte la chaleur du soleil en quantité suffisante et d'autre part, un système d'aération composé de petites fenêtres assure une ventilation croisée et le rafraîchissement de toute la maison. De même, la répartition sur deux étages n'est pas uniquement un choix architectural : elle contribue également à une aération optimale. Les deux matériaux de construction, le bois et l'acier, sont recyclables. On a privilégié des essences très résistantes comme le pin nordique et le sapin de Douglas.

Der Baukörper wurde möglichst optimal in die Umgebung integriert, um den Baumbestand zu erhalten. Seine Errichtung auf Stützen belastet den Boden nur gering. Externe Wärme- oder Kühlungsquellen sind nicht erforderlich, da zum einen die hochgezogene Südfassade genug Sonnenwärme einfängt, und zum anderen ein Lüftungssystem aus kleinen Fensteröffnungen im ganzen Haus für Kreuzventilation und Abkühlung sorgt. Auch die Aufteilung in zwei Geschosse ist nicht nur gestalterisch bedingt, sondern trägt darüber hinaus zur optimalen Belüftung bei. Beide Baumaterialien – Holz und Stahl – sind wiederverwertbar. Beim Holz fiel die Wahl auf langlebige Sorten wie Nordische Kiefer und Douglasie.

low-energy hybrid 4 / germany

Architect: atelier hybride - Markus Julian Mayer, Munich, Germany / www.atelier-hybride.com
Collaborator: Cathrin Peters-Rentschler
Photos: Thilo Härdtlein, Munich, Germany / www.haerdtlein-foto.de

This two-story single-family home is located in Germany's Priental region, set against the backdrop of the Chiemgau Alps, within sight of Hohenaschau Castle. With the house's almost fully glazed south façade, the architect opted for an east-west layout in order to make optimal use of the property's depth. By using wood and wooden-support construction methods for all the exterior walls and the roof, he lent the architecture a light and rustic quality. Louver-like wooden sliding doors shield the glass front of the south façade to provide privacy and control the admission of sunlight. If necessary, they can block out the sunlight altogether. The other façades feature very few windows and are heavily insulated.

C'est dans la vallée de la Prien, devant la chaîne de montagnes du Chiemgau et dans l'axe historique du château de Hohenaschau, que se situe la maison individuelle de deux étages. L'architecte a opté pour une orientation est-ouest de façon à pouvoir utiliser de manière optimale la profondeur du terrain pour la façade sud presque entièrement vitrée. La toiture et tous les murs extérieurs ont été réalisés en bois, les montants également, ce qui confère à l'architecture sa légèreté et aussi sa rusticité campagnarde. Composées de lames en bois, les parois coulissantes placées devant les fenêtres de la façade sud servent d'une part à protéger des regards indiscrets, d'autre part à atténuer le rayonnement excessif du soleil. En cas de besoin, ils peuvent même prodiguer suffisamment d'ombre sur toute cette façade de la maison. Toutes les autres façades sont presque aveugles et dotées d'une isolation performante.

Im Priental, vor der Kulisse der Chiemgauer Berge und in Sichtachse zu Schloss Hohenaschau, steht dieses zweigeschossige Einfamilienhaus. Der Architekt entschied sich für eine Ost-West-Orientierung, um bei fast vollständig verglaster Südfassade die Tiefe des Grundstücks optimal nutzen zu können. Alle Außenwände und das Dach wurden in Holz und Holzständerbauweise ausgeführt, was der Architektur Leichtigkeit verleiht und zugleich den Landschaftsbezug herstellt. Die lamellenartigen Holzschiebewände vor den Fenstern der Südfassade dienen einerseits als Sichtschutz, andererseits der Abschirmung vor zu starker Sonneneinstrahlung und können bei Bedarf die Seite komplett verschatten. Alle weiteren Fassaden sind weitgehend geschlossen und stark wärmegedämmt.

contrast to the main structure, the louver-like sliding doors of the façade
e in exposed concrete. Inside, dark stone flooring plays its part in the pas-
ve retention of energy.

s sortes de lames composant le revêtement de la façade contrastent avec
noyau du bâtiment en béton pur. À l'intérieur, le sol en pierre sombre et le
rquet foncé contribuent à l'accumulation passive de l'énergien.

e lamellenartige Fassadenverkleidung steht im Kontrast zum Gebäudekern
Sichtbeton. Im Inneren leisten ein dunkler Steinboden und dunkles Parkett
ren Beitrag zur Speicherung des passiven Energieeintrags.

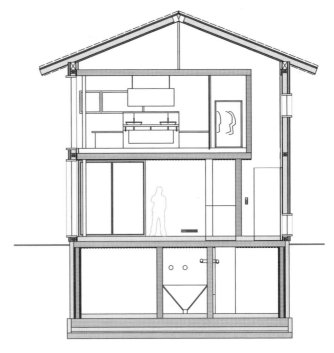

Cross section   Section transversale   Querschnitt

green facts

The architect conceived the home as a low-energy house that makes use of passive solar energy. The glass front of the south façade can let in an enormous amount of solar energy. Solid building materials such as reinforced-concrete ceilings in the interior
retain the heat of that energy. A ventilation system also reduces energy consumption. Heating is generated from a wood-pellet
heater using biomass. A slightly inclined gable roof carries the solar collectors that supply hot water. The result speaks for itself:
165 m² (1,800 sq ft) of living space require only 34 kWh/m²a (10,778 BTU/h per sq feet) of primary energy a year.

L'architecte a conçu l'édifice comme une maison à faible consommation d'énergie avec utilisation passive de l'énergie solaire. La
façade sud en verre permet de capter l'énergie solaire en grande quantité. Des matériaux de construction massifs, tels que le béton
armé des plafonds, emmagasinent la chaleur ainsi captée. Une aération contrôlée contribue aussi à réduire le besoin en énergie.
La chaleur nécessaire au chauffage est issue de la biomasse par le biais d'un chauffage fonctionnant avec des granulés en bois.
Un toit en pente légèrement incliné supporte les capteurs solaires destinés à la production de l'eau chaude. Le résultat est surpre-
nant : sur une surface habitable de 165 m², le besoin annuel en énergie primaire ne s'élève qu'à 34 kWh/m²a.

Der Architekt konzipierte das Gebäude als Niedrigenergiehaus mit passiver Solarnutzung: Über die verglaste Südfassade kann
Sonnenenergie großflächig eingefangen werden. Massive Baumaterialien wie Stahlbetondecken im Innenbereich speichern die
so gewonnene Wärme. Auch eine kontrollierte Lüftung trägt zur Herabsetzung des Energiebedarfs bei. Heizwärme wird mittels
Biomasse über eine Holzpelletheizung gewonnen. Ein flach geneigtes Satteldach trägt die Solarkollektoren für die Warmwassergewinnung. Das Ergebnis ist überzeugend: Auf 165 m² Wohnfläche beträgt der Primärenergiebedarf jährlich nur 34 kWh/m²a.

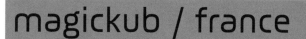

magickub / france

Architect: Jean-Charles Liddell architecte DPLG, Atelier RVL Sarl, Tours, France / www.atelierrvl.blogspot.com
Landscape architect: Pierre Alexandre Cochez, Easy Garden
Photos: Clément Darrasse

The architect describes his simple cube structure as an "affordable, compact house, reduced to the basics, for young families." The idea was to create a small island in the middle of an orchard—hidden from the eyes of neighbors. The two-story home evokes the simplicity and flexibility of Japanese architecture, because the architect adopted the principle of sliding walls. Thus, a steel-mesh sliding door in front of the window front in the living room keeps out excessive heat in the summer. Another sliding-door system on the upper floor to the south marks the change of the seasons, as it's used only in spring and autumn. This prevents the home from heating up too much during the summer. On 130 m² (1,400 sq ft), the living and work spaces are divided by semitransparent wood panel screens as well as by light and shadow patterns.

L'architecte définit son cube très simple comme une « maison économique, compacte et réduite à l'essentiel pour une jeune famille ». Son but était de créer un petit îlot, protégé des regards indiscrets des voisins, au milieu d'un verger. Cette maison de deux étages rappelle la simplicité et la flexibilité de l'architecture japonaise, notamment par le principe des cloisons coulissantes. Ainsi, une porte coulissante en mailles d'acier, placée devant la façade vitrée de la salle de séjour, protège la maison des rayons trop puissants du soleil en été. Un autre dispositif coulissant à l'étage supérieur de la façade sud marque le changement des saisons, car il n'est actionné qu'au printemps et à l'automne. Il permet d'éviter un réchauffement trop fort de l'habitation en été. Sur 130 m², les pièces à vivre et fonctionnelles sont délimitées par des cloisons semi-transparentes en lattes de bois et par des alternances d'ombre et de lumière.

Als ein „preiswertes, kompaktes und auf das Wesentliche reduzierte Haus für die junge Familie" bezeichnet der Architekt seinen einfachen Kubus. Inmitten eines Obstgartens sollte eine kleine Insel entstehen – geschützt vor den Blicken der Nachbarn. Das zweigeschossige Haus erinnert an die Schlichtheit und Flexibilität japanischer Architektur, denn der Architekt macht sich das Prinzip der Schiebewände zu eigen. So schützt vor der Fensterfront des Wohnzimmers eine Schiebetür aus Stahlmaschen im Sommer vor zu starker Sonneneinstrahlung. Eine weitere Schiebevorrichtung in der oberen Etage der Südseite markiert den Wechsel der Jahreszeiten, denn sie wird nur im Frühling und Herbst betätigt. Das verhindert ein zu großes Aufheizen des Gebäudes im Sommer. Auf 130 m² grenzen sich die Wohn- und Funktionsräume durch semitransparente Holzlattenwände sowie Licht- und Schattenfall ab.

Living room

Dining room

Hall

Dress Scullery Kitchen

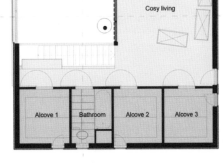

Cosy living

Alcove 1 Bathroom Alcove 2 Alcove 3

Ground floor Rez-de-chaussée Erdgeschoss

First floor Premier étage Erstes Obergeschoss

Both the inside and the outside are characterized by the same combination of materials of untreated wood, concrete, glass and galvanized metal. Transparency and grace prevail throughout: The opaque glass of the windows prevents neighbors from being able to look in.

À l'intérieur comme à l'extérieur, la même combinaison de matériaux comme le bois non traité, le béton, le verre et le métal galvanisé définit le caractère de la maison. La transparence et la légèreté dominent partout : la fenêtre en verre opaque protège des regards indiscrets des voisins habitant à proximité.

Innen wie außen bestimmt der gleiche Materialmix aus unbehandeltem Holz, Beton, Glas und galvanisiertem Metall das Erscheinungsbild. Transparenz und Leichtigkeit herrschen überall: Das Fenster aus opakem Glas schützt vor den Blicken der nahen Nachbarn.

The untreated Douglas fir perfectly blends in with the surrounding fruit trees and wild flowers.

Laissé à l'état naturel, le bois du sapin de Douglas s'intègre parfaitement dans l'environnement composé d'arbres fruitiers et d'une prairie de fleurs sauvages.

Das naturbelassene Douglasienholz passt sich optimal der Umgebung mit Obstbäumen auf einer Wildblumenwiese an.

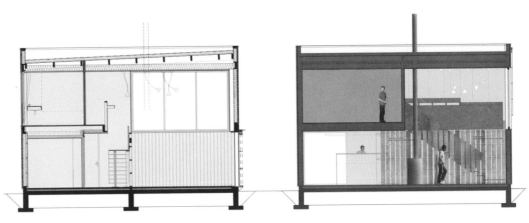

Section A   Section A   Schnitt A   Section B   Section B   Schnitt B

green facts

Thanks to the compactness of this home, none of the trees in the surrounding orchard had to be removed. For the framework, the architect chose locally sourced, untreated PEFC Douglas fir. For the interior, he used the sapwood of the processed tree trunks as paneling. The interior was painted in natural tones. Dual glazing, insulation with natural materials like wood fiber and wool as well as black concrete for retaining heat all keep the heating costs down—as does the use of passive solar energy. Floor heating on the ground floor and a wood stove efficiently heat the home. Additional thermal insulation comes from the green roof.

En raison du style compact de la construction, les arbres fruitiers des alentours ont pu être conservés. Pour l'enveloppe du bâtiment, l'architecte a opté pour des du sapin Douglas à coeur PEFC non traités issus de plantations locales. Pour l'habillage intérieur bois, les lames du bardage extérieur présentant de l'aubier ont été utilisées. Pour tous les revêtements intérieurs, il a choisi des peintures naturelles. Le double vitrage, les matériaux naturels isolants tels que les fibres de bois ou la laine, ainsi que le béton noir, qui joue le rôle d'accumulateur de chaleur, réduisent au maximum les coûts de chauffage, de même que l'utilisation passive de la chaleur du soleil. La maison peut être chauffée efficacement avec un chauffage au sol au rez-de-chaussée et un poêle à bois. La végétalisation extensive du toit procure une isolation supplémentaire contre la chaleur.

Aufgrund der Kompaktheit des Baukörpers konnten die Obstbäume ringsherum erhalten bleiben. Der Architekt wählte unbehandelte PEFC-Douglasien aus lokalen Pflanzungen für die Bauhülle, im Inneren verbaute er das Splintholz der verwendeten Baumstämme als Verschalungen. Für alle Innenanstriche wurden Naturfarben verwendet. Doppelverglasung, Dämmung mit Naturmaterialien wie Holzfaser und Wolle sowie der schwarze Beton in seiner Funktion als Wärmespeicher halten die Heizkosten gering – ebenso die passive Nutzung der Solarwärme. Mit einer Fußbodenheizung im Erdgeschoss und einem Holzofen kann das Haus effizient geheizt werden. Die extensive Dachbepflanzung dient als zusätzliche Wärmeisolierung.

house in sanxenxo / spain

Architect: Jesús Irisarri Castro, Guadalupe Piñera Manso, Vigo, Spain
Construction engineer: Marcelino Pichel Davila
Photos: Juan Rodriguez

Built on a slope, this cubic structure dominates the terrain as a completely enclosed volume, whose rooms inside seem to merge int one another. From autumn until spring, it forms the center of family life. In the summertime, the family moves its activities to a part c the house that is cooler and lower down on the slope, that is, to a space that was created as a result of the main structure of this cubi home having been elevated by concrete pillars and extended by a deck. A compact, multilayer façade of polycarbonate encloses th metal framework supporting the home. Additional thermal insulation against the cooler north is provided by a construction of bric and dense Styrofoam. In the south, a wide window front opens onto a deck, linking the inside with the outside.

Érigé en haut d'un versant, l'édifice cubique domine le terrain, tel un volume complètement fermé dont les pièces intérieures se fon dent les unes dans les autres. De l'automne au printemps, cette maison est la résidence principale d'une famille. En été, la partie e saillie du versant, plus fraîche, est privilégiée : elle est créée par la surélévation du cube sur des pilotis en béton et la prolongation d niveau principal par une terrasse. Le bâti porteur du cube en métal est revêtu d'une enveloppe compacte et multicouche en polycar bonate. Au nord, la partie fraîche de la maison, les tuiles en argile et le polystyrène dense offrent l'isolation thermique supplémentair nécessaire. Au sud, une large baie vitrée menant à la terrasse ouvre les murs diaphanes et relie l'intérieur à l'extérieur.

Auf der Höhe eines Hanges errichtet, dominiert der kubische Baukörper als ein komplett geschlossenes Volumen, dessen Räume in Inneren ineinander übergehen, das Terrain. Von Herbst bis Frühling bildet er den Lebensmittelpunkt einer Familie. Im Sommer verla gern sich dann die Aktivitäten auf den vorgelagerten, kühleren Bereich am Hang, der durch das Anheben des Kubus auf Betonstelze sowie durch die Verlängerung der Hauptebene mittels einer Terrasse entsteht. Eine mehrschichtige, kompakte Polycarbonathüll verkleidet das tragende Rahmenwerk des Kubus aus Metall. Zum kühleren Norden hin sorgen Tonziegel und dichter Styropor für di notwendige, zusätzliche Wärmedämmung. Im Süden bricht eine breite Fensterfront zur Terrasse hin die lichtdurchlässigen Wände au und verbindet innen und außen.

The selective use of cell-shaped polycarbonate instead of glass breaks up the compactness of the corrugated, opaque frame in the south and west, affording views of the surrounding countryside.

Le polycarbonate cellulaire a été volontairement utilisé au lieu du verre afin d'alléger la compacité de l'enveloppe ondulée et lactescente au sud et à l'ouest, et d'offrir une vue grandiose sur le paysage environnant.

Durch den gezielten Einsatz von Glas anstelle zellenförmigen Polycarbonats wird die Kompaktheit der gewellten, milchigen Hülle im Süden und Westen unterbrochen und der Blick auf die Landschaft freigegeben.

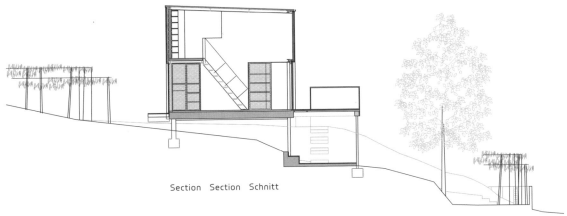

Section Section Schnitt

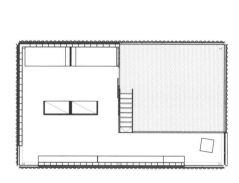

First floor   Premier étage   Erstes Obergeschoss

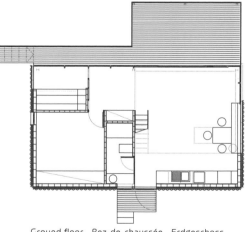

Ground floor   Rez-de-chaussée   Erdgeschoss

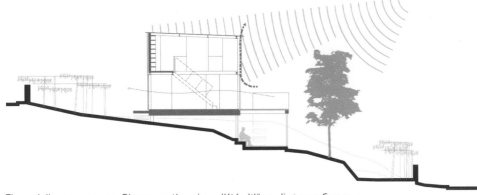

Thermal diagram summer   Diagramme thermique d'été   Wärmediagramm Sommer

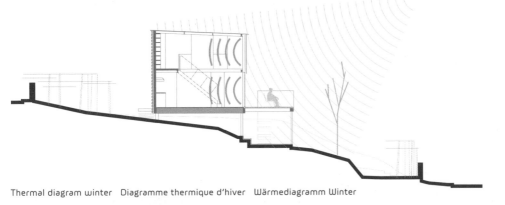

Thermal diagram winter   Diagramme thermique d'hiver   Wärmediagramm Winter

green facts

Owing to the mild climate of this region in Galicia, this building can go without extra heating all year long. Its polycarbonate fa-ade creates a greenhouse effect: Natural cross ventilation drives air masses through the structure that were warmed up in the South. Based on thermal principles, this sustainable concept is fortified by the selective cultivation of local plants throughout the building's environment. These plants add further beauty to the landscape while creating a microclimate that keeps the building cool during the summer and insulated during the winter. The six concrete columns supporting the structure limit its load to certain points on the ground and keep it from sealing off completely. Planning and construction of the structure were awarded to local contractors and its materials are regionally made products.

En raison du climat tempéré de cette contrée de la Galice, le bâtiment peut être utilisé toute l'année sans chauffage supplé-mentaire. L'enveloppe en polycarbonate crée un effet de serre: une ventilation croisée naturelle fait circuler dans le bâtiment les masses d'air chauffées au sud. Ce concept durable basé sur l'ascendance thermique est soutenu par la plantation d'arbustes in-digènes tout autour de la maison. Ces plantes embellissent le site et créent un microclimat qui procure un effet rafraîchissant en été et isole en hiver. Les six piliers porteurs en béton ne sollicitent le sol qu'à certains endroits et permettent d'éviter le scellement complet du sol. La planification et la construction de la maison ont été réalisées par des entreprises locales, les matériaux ont été fournis par des industries de la région.

Aufgrund des gemäßigten Klimas dieser Gegend von Galizien kommt das Gebäude ganzjährig ohne zusätzliche Heizung aus. Durch die Polycarbonathülle entsteht ein Treibhauseffekt: Eine natürliche Kreuzventilation wälzt die im Süden aufgewärmten Luftmas-sen durch den Baukörper. Unterstützt wird das nachhaltige, die Thermik nutzende Konzept durch die gezielte Anpflanzung einhei-mischer Gewächse in der gesamten Umgebung, die das Landschaftsbild verschönern und ein Mikroklima bewirken, das im Sommer kühlend, im Winter isolierend wirkt. Durch die sechs tragenden Betonpfeiler des Baukörpers wird der Boden nur punktuell belastet und eine komplette Versiegelung des Bodens vermieden. Die Planung und Konstruktion des Hauses wurden durch ansässige Bau-firmen ausgeführt, die Materialien stammen aus regionaler Industrieproduktion.

house faralló / spain

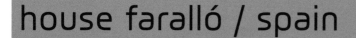

Architect: Iñaki Alonso (Satt), Álvaro Guerrero (Satt), Madrid, Spain / www.satt.es
Collaborator: Fernando Navadijos (Nimloth) / www.nimloth1.com
Photos: Diego López Calvín

This 75 m² (800 sq ft) single-family home dominates the crest of a hill near Alicante, Spain. The two-story residence reflects a Medterranean arrangement around a patio. Along the long side of the inner courtyard, a gallery—open in the summer, while serving as conservatory in the winter—connects the rooms on the north side. The shape of the salon follows the semicircular layout of the far house that previously occupied this site. Although the residence is completely closed off to the outside, there are deep openings select places along its wall that afford spectacular views of the surrounding countryside. A perfect case in point is a set of benches the pool arranged under a roof, the "observation post," which affords a breathtaking view of the nearby "Devil's Gorge."

Telle une forteresse, cette maison individuelle de 75 m² se dresse sur la crête d'une colline dans l'arrière-pays d'Alicante. Le bâtime de deux étages reprend l'agencement méditerranéen autour d'un patio. Le long de la cour intérieure, un couloir, ouvert l'été et utili comme jardin d'hiver au cours de la saison froide, mène aux pièces situées au nord. La forme du salon évoque le plan semi-circulai du bâtiment précédent, une ferme. Si l'édifice est fermé vers l'extérieur, de profondes ouvertures effectuées dans le mur offrent certains endroits une vue spectaculaire sur le paysage. Le meilleur exemple est le «poste d'observation» de la Gorge du Diable, co vert et doté de bancs dans la piscine.

Wie eine Festung thront das 75 m² große Einfamilienhaus auf dem Kamm eines Hügels im Hinterland von Alicante. Das zweigescho sige Gebäude zitiert die mediterrane Anordnung um einen Patio. An der Längsseite des Innenhofes verbindet ein Wandelgang – i Sommer offen, in der kalten Jahreszeit als Wintergarten genutzt – die nördlichen Räumlichkeiten. Der Salon greift in seiner Form de halbkreisförmigen Grundriss des Vorgängergebäudes, eines Farmhauses, wieder auf. Verschließt sich das Gebäude grundsätzli nach außen, so geben dennoch tiefe Mauereinschnitte an gezielter Stelle Ausblicke auf die spektakuläre Landschaft. Bestes Beispi hierfür ist der überdachte und mit Sitzbänken im Pool ausgestattete „Beobachtungsposten" für die Teufelsschlucht.

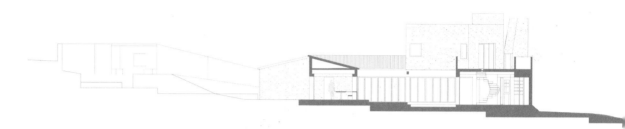

Longitudinal section   Section longitudinale   Längsschnitt

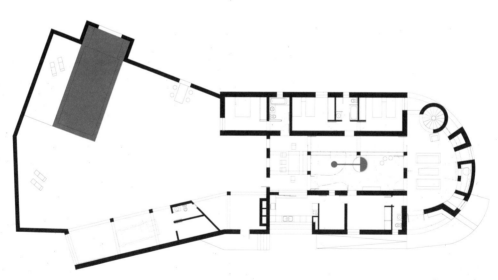

Ground floor   Rez-de-chaussée   Erdgeschoss

A spiral staircase of concrete steps leads from the salon to the upper floor—which on the outside takes the shape of a tower. Striking forms dominate the house's interior and exterior.

Un escalier en colimaçon composé de marches en béton mène du salon à l'étage supérieur. Vu de l'extérieur, il ressemble à une tour. À l'intérieur comme à l'extérieur, les lignes du bâtiment frappent par leur pureté.

Eine Wendeltreppe aus Betonstufen führt vom Salon ins Obergeschoss – von außen sichtbar als Turm. Innen wie außen herrscht eine klare Formensprache.

The solid stone structure ensures that the interior remains warm during the winter and cool in the scorching heat of the summer. The windows, as seen here in the kitchen, frame stunning views of the surrounding countryside.

La construction massive avec des moellons conserve la chaleur intérieure en hiver et maintient la fraîcheur des pièces intérieures par forte chaleurs extérieure. Le paysage est mis en scène avec des panoramas particuliers, comme ici dans la cuisine.

Die massive Bauweise mit Bruchstein konserviert im Winter die Innenwärme und hält bei hohen Außentemperaturen im Sommer die Innenräume kühl. Die Landschaft wird, wie hier in der Küche, durch gezielte Ausblicke inszeniert.

The floor plan and elevation were aligned with the geography of the site, the general layout being horizontal. The architects accommodated the sloping terrain by incorporating terraces into the design. As a result, the pool is slightly elevated.

Le plan et la construction sont adaptés à la situation géographique : l'orientation principale est horizontale. Les dénivellations de ont été rectifiées par des travaux de terrassement : la piscine est par conséquent légèrement surélevée.

Grund- und Aufriss wurden an die geografischen Gegebenheiten angepasst: die Hauptausrichtung ist horizontal. Den Niveauunterschied des Geländes glichen die Architekten mit einer Terrassierung aus: So liegt der Pool leicht erhöht.

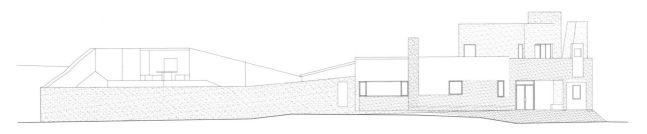

South elevation   Élévation sud   Südlicher Aufriss

green facts

Most of the house was built from the stone remains of the structure that previously occupied the site and from the surrounding rock terraces. Moreover, the architects used wood for the supporting framework and for the window frames, as well as clay tiles, mortar made from lime and cement, EPDM rubber for waterproofing and environmentally friendly paint. With the help of solar collectors, energy can be stored to provide hot water. Rainwater is collected for watering plants. In addition, the residence has its own water-treatment system that separates gray and black water and clarifies it with an ecofilter. This water is also used in the pool.

La maison a été construite en grande partie avec les pierres de l'édifice précédent en ruines et des terrasses rocheuses environnantes. De plus, les architectes ont utilisé du bois pour la structure portante et les châssis des fenêtres, de la brique d'argile, du mortier mixte à base de calcaire et de ciment, du caoutchouc pour l'imperméabilisation et des peintures écologiques. Des panneaux solaires captent l'énergie nécessaire à la production de l'eau chaude. L'eau de pluie est récupérée et utilisée pour l'arrosage. Intégrée dans la maison, la station de traitement des eaux sépare l'eau grise de l'eau noire et la purifie à l'aide d'un filtre écologique. Cette eau alimente ensuite la piscine.

Zum Bau des Hauses wurden größtenteils die Steine der Ruine des Vorgängerbaus und der umliegenden Felsterrassen benutzt. Darüber hinaus verwendeten die Architekten Holz für die tragende Struktur und die Fensterrahmen, Tonziegel, Mischmörtel aus Kalk und Zement, EPDM-Kautschuk zur Abdichtung und ökologische Anstriche. Mittels Sonnenkollektoren kann Energie für die Aufbereitung von Warmwasser gewonnen werden. Niederschläge werden gesammelt und zur Bewässerung genutzt. Die hauseigene Wasseraufbereitungsanlage separiert Grau- und Schwarzwasser und klärt es mithilfe eines Ökofilters. Mit diesem Wasser wird auch der Pool gespeist.

sonndorf residence / austria

Architect: Marion Wicher, Yes Architecture, Graz, Austria / www.yes-architecture.com
Photos: Croce & Wir

On a steep incline above the valley of Hafning in Austria, the architect created a terraced single-family home consisting of two areas and a 25 meters (82 ft) long swimming pool and set against an alpine background. The supporting structure of the house is made of reinforced concrete, some of which is visible inside. The constructivist shape of the house is underscored by its combination of materials. The west façade boasts a large window front, whereas the south and north façades are clad with Corten steel. The east façade with its natural stone wall serves as a heat accumulator. The interior of the loft-like master suite gives way to a series of different workspaces without any dividing elements.

C'est sur une pente abrupte surmontant la vallée de Hafning que l'architecte a créé une maison individuelle en terrasse appuyée contre la montagne. Elle comprend deux ailes et une piscine de 25 m de long. La structure portante du bâtiment a été réalisée en béton armé qui apparaît en partie à l'intérieur sous forme de béton brut. La forme constructiviste du complexe est mise en valeur par l'association des différents matériaux utilisés: la façade ouest est vitrée en grande partie et s'ouvre sur le paysage montagneux au loin, tandis que les façades sud et nord sont revêtues d'acier Corten. Avec un mur en pierre naturelle placé sur le devant, la façade joue le rôle d'accumulateur thermique. À l'intérieur de la salle de séjour parentale, agencée comme un loft, les différentes pièces fonctionnelles ont été alignées l'une après l'autre sans véritable séparation.

In steiler Hanglage oberhalb des Tals von Hafning schuf die Architektin ein terrassenförmig gegen den Berg gebautes Einfamilienhaus mit zwei Trakten und einem 25 m langen Swimmingpool. Die tragende Struktur des Gebäudes wurde in Stahlbeton ausgeführt, der im Inneren zum Teil als Sichtbeton in Erscheinung tritt. Die konstruktivistische Form des Komplexes wird durch den Materialmix betont: So zeigt sich die Westfassade großzügig verglast und zur weiten Berglandschaft hin geöffnet, während die südliche und nördliche Fassade mit Cortenstahl verkleidet sind. Die Ostseite mit einer vorgelegten Natursteinmauer dient als Wärmespeicher. Im Inneren des loftartig angelegten elterlichen Wohnbereichs reihen sich verschiedene Funktionsräume ohne spürbare Trennung aneinander.

The west side of the house makes no attempt to hide—instead, it seems to jump out of the landscape. Located at a distance from the main structure and terrace, the swimming pool juts out into the air like a truncated concrete bridge.

À l'ouest, l'architecture n'est pas dissimulée : au contraire, elle se dresse littéralement au milieu du paysage. Construite en retrait par rapport au bâtiment principal et à la terrasse, la piscine s'élève dans les airs, telle un pont en béton interrompu.

Im Westen versteckt sich die Architektur nicht – sie springt geradezu in die Landschaft. Der von Haupthaus und Terrasse abgesetzte Swimmingpool ragt wie eine abgeschnittene Betonbrücke in die Luft.

Unlike its extroverted west façade, the east half of the house appears closed off and eager to blend into its surroundings.

Contrairement à la face ouest extrovertie, la façade est du bâtiment est aveugle et se fond dans le paysage.

Im Gegensatz zur extrovertierten Westfassade gibt sich das Gebäude im Osten verschlossen und auf Integration in die Landschaft bedacht.

The upper level of the house with its broad window front houses the master suite; on a shifted level, an inserted and closed extra space accommodates the children's rooms.

Le loft aménagé pour les parents se trouve dans l'aile supérieure de la maison, presque entièrement vitrée. La partie accueillant les chambres d'enfants a été intercalée à un autre niveau.

Der elterliche Loftbereich befindet sich im großzügig verglasten, oberen Trakt des Hauses. Ein niveauversetzter, eingeschobener Bereich wurde für die Kinderräume konzipiert.

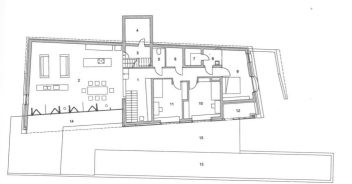

Ground floor Rez-de-chaussée Erdgeschoss

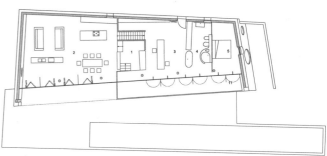

First floor Premier étage Erstes Obergeschoss

green facts

Since the house was to be heated by means of alternative energy, the architect opted for a heating pump and put up surface collectors across almost the whole property. The heat thus generated runs through pipes in the walls and floors of the heat-retaining concrete structure, eliminating the need for conventional radiators. Another source of heat is the house's west glass façade. Elevated solar collectors facing southwest were installed on the green roof of the structure to supply hot water as well as heating for the transitional period. All of the building materials are untreated, as the rust on the locally produced Corten steel shows.

Souhaitant recourir à des énergies alternatives pour chauffer la maison, l'architecte a opté pour une pompe à chaleur et réparti des capteurs plats sur presque l'ensemble du terrain. La chaleur obtenue ainsi est dirigée à travers les tuyaux de chauffage insérés dans les murs et dans le sol de la structure en béton à accumulation thermique, rendant tout radiateur conventionnel superflu. La façade ouest vitrée contribue également à réchauffer la maison. Des capteurs solaires orientés sud-ouest destinés à la production de l'eau chaude et de l'énergie pour le chauffage pendant la période transitoire ont été installés sur le toit à végétalisation extensive. Tous les matériaux de construction sont à l'état naturel, ce que prouve la couche de rouille visible sur l'acier Corten produit dans la région.

Da das Haus mit Alternativenergie beheizt werden sollte, entschied man sich für eine Wärmepumpe und verteilte die Erdflachkollektoren fast über das ganze Grundstück. Die so gewonnene Wärme wird durch die in Wände und Boden der wärmespeichernden Betonstruktur eingelegten Heizrohre geleitet, was konventionelle Heizkörper überflüssig macht. Auch die verglaste Westfassade leistet ihren Beitrag zur Erwärmung des Hauses. Nach Südwesten ausgerichtete, aufgeständerte Sonnenkollektoren zur Warmwassergewinnung sowie zur Erzeugung von Heizenergie für die Übergangszeit wurden auf dem extensiv begrünten Dach angebracht. Alle Baumaterialien sind unbehandelt, was an der Rostschicht des in der Nähe produzierten Cortenstahls sichtbar wird.

lakeside residence / usa

Architect: Overland Partners Architects, San Antonio, Texas, USA / www.overlandpartners.com
Photos: Paul Bragadjy Photography

The main idea behind this project was to build a large second home for a family near a body of water. Having learned of the clients' fondness of Japanese design, the architect decided on three separate pavilions along a lakeshore, comprising a combination of living/ dining area plus master bedroom, a guest area as well as a recreational area with boat moorings. This gave rise to the engawa (Japanese for "intermediate spaces"). Enclosed areas made of sandstone or monolithic concrete alternate with large transparent glass walls, integrating the surroundings of the lake into the living space. The large glass front also does its part in blurring the boundaries between inside and out. The water reaches right up to the wall of the guest house.

L'idée centrale de ce projet de construction était de créer pour une famille une résidence d'été spacieuse au bord de l'eau. L'architecte ayant appris que les clients étaient des passionnés de design japonais, il a opté pour un groupement de trois pavillons, indépendants les uns des autres, le long de la rive du lac : l'un héberge une salle de séjour et une salle à manger avec la chambre à couche principale, l'autre est un complexe réservé aux invités et le dernier sert de lieu ludique avec des postes d'amarrage pour les bateaux. Ceci a permis de créer des « engawa » (« passages couverts » en japonais). Les surfaces aveugles en grès ou en béton monolithe alternent avec de larges parois vitrées transparentes qui intègrent le paysage du lac dans les pièces d'habitation. Le vitrage généreux a également permis de supprimer les frontières entre l'intérieur et l'extérieur. L'eau va jusqu'au mur de la maison réservée aux invités.

Im Vordergrund dieses Bauvorhabens stand die Idee, den geräumigen Zweitwohnsitz einer Familie nahe am Wasser zu errichten. Nachdem der Architekt von der Begeisterung der Kunden für japanisches Design erfahren hatte, entschied er sich für die Gruppierung von drei voneinander unabhängigen Pavillons entlang des Seeufers, die einen Wohn-/Essbereich mit dem Hauptschlafzimmer, einen Gästekomplex sowie einen Spielbereich mit Liegeplätzen für Boote beherbergen. So entstanden die „engawa" (japanisch für „Zwischenräume"). Geschlossene Flächen aus Sandstein oder monolithischem Beton wechseln sich mit transparenten, großzügig verglasten Wänden ab, die die Seelandschaft in die Wohnräume integrieren. Auch die großzügige Befensterung half, die Grenzen zwischen innen und außen aufzulösen. Das Wasser reicht bis an die Mauer des Gästehauses.

The horizontal main building opens out onto the lake with its broad window front. It offers a terrific view of the lake, as does the terrace, which is shielded by a widely protruding roof that also keeps the temperature of the rooms behind it tolerable.

Le bâtiment principal horizontal s'ouvre sur le lac par une large baie vitrée. D'ici, on a une vue spectaculaire sur le lac, tout comme de la terrasse, couverte d'un toit en saillie qui évite également tout excès de chaleur dans les pièces situées en retrait.

Das horizontale Hauptgebäude öffnet sich mit einer breiten Fensterfront zum See hin. Von hier aus oder von der durch ein weit auskragendes Dach geschützten Terrasse, das zugleich eine zu große Aufheizung der dahinterliegenden Räume verhindert, genießt man eine herrliche Aussicht auf den See.

Plan Plan Grundriss

Each individual building is situated along the axis of the lake. This proximity to the lake ensures close encounters with nature.

Les différents pavillons ont été disposés le long de l'axe du lac. La proximité directe du lac permet de vivre au rythme de la nature.

Alle Einzelgebäude liegen entlang der Seeachse. Die unmittelbare Nachbarschaft zum See ermöglicht ein direktes Erleben der Natur.

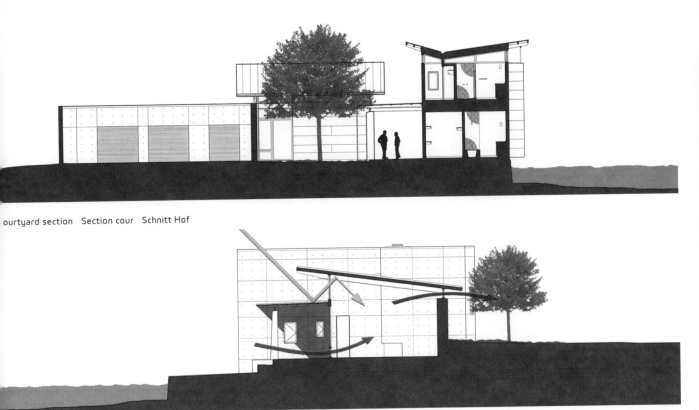

courtyard section   Section cour   Schnitt Hof

Livingroom section   Section salon   Schnitt Wohnzimmer

green facts

Using local materials such as sandstone made it possible to minimize the transportation of resources. The daylight that is let in through the large glass front helps reduce electricity costs, as does a natural ventilation system that takes advantage of the cool breeze off the lake. Ventilation windows close to the ground take in the air while warmer air escapes through openings located above. Allowing the wind to blow around the individual structures is another way to keep them cool. Reflective metal louvers enable the intensity of the light admitted to be regulated while providing shade for the bedrooms facing west. Native plants with little need for water and care were planted in the garden, which receives all its water from the lake.

L'utilisation de matériaux locaux, comme le grès, a permis de réduire la consommation en énergie occasionnée par les transports. La grande baie vitrée, qui laisse passer la lumière du jour, contribue à réduire les frais d'électricité, tout comme le système de ventilation naturelle qui utilise la brise fraîche venue du lac : les tuyaux d'aération posés à proximité du sol font entrer de l'air frais et l'air chaud s'échappe par les ouvertures supérieures. Le corps du bâtiment est également rafraîchi par le vent qui peut circuler entre les différents bâtiments. Grâce aux lames en métal réfléchissantes, qui laissent passer un peu de lumière douce, les chambres à coucher orientées ouest restent à l'ombre. Des plantes indigènes nécessitant peu d'eau et peu d'entretien fleurissent dans le jardin qui est entièrement irrigué avec l'eau du lac.

Durch die Verwendung von lokalem Material wie Sandstein konnte der Energieaufwand für Transporte reduziert werden. Die groß-zügige Befensterung mit reichlich einfallendem Tageslicht trägt zur Einsparung von Stromkosten bei, wie auch ein natürliches Ventilationssystem, das die kühle Brise, die vom See her weht, nutzt: Belüftungsschächte in Bodennähe lassen die Luft eintreten, wärmere entweicht durch obere Öffnungen. Dass der Wind zwischen den einzelnen Gebäuden hindurchwehen kann, kühlt die Bau-körper zusätzlich. Reflektierende Metall-Lamellen, die für weichen Lichteinfall sorgen, dienen zur Beschattung der westlichen Schlafräume. Einheimische Pflanzen mit geringem Wasser- und Pflegebedarf schmücken den Garten, der komplett mit Wasser aus dem See versorgt wird.

la casona / puerto rico

Architect: John Hix Architect Ltd., Vieques, Puerto Rico & Ontario, Canada
www.johnhixarchitect.com / www.hixislandhouse.com
Structural engineer: Miguel Zapata
Solar installation: Michael Diaz
Photos: Bob Gevinski

This ground-level concrete structure with its loft-like character was erected as the architect's retreat and guesthouse amidst the luxuriant vegetation of Vieques, a Caribbean island belonging to Puerto Rico. Given its location in an area threatened by earthquakes and hurricanes, the architect conceived a solidly built, basic construction erected with corresponding building materials. The minimalist aesthetic and rugged simplicity of this solid with partially exposed concrete set the tone of the interior and exterior. It was the owners' express wish to open up the structure to its natural surroundings, which was accomplished with large terraces and unglazed windows. Despite all this openness, the structure offers places for privacy, such as the bedrooms.

La construction en béton de plain-pied au caractère de loft a été conçue dans le but de servir de lieu de retraite et d'hôtel au beau milieu de la végétation dense de Vieques, une île des Caraïbes rattachée à Porto Rico. La maison étant située dans une zone de tremblements de terre et constamment exposée au risque cyclonique, l'architecte a imaginé une construction de base robuste et choisi des matériaux de construction appropriés. Le minimalisme esthétique et la simplicité d'une beauté austère de la construction massive réalisée en partie en béton armé concrétisent le concept global, à l'intérieur comme à l'extérieur. Pour les propriétaires , il était important d'avoir une ouverture sur la nature, ce qu'ils ont obtenu grâce à des terrasses spacieuses et des fenêtres non vitrées. Malgré cette grande ouverture, l'architecture possède également des niches privées, comme les chambres à coucher.

Der ebenerdige Betonbau mit Loftcharakter entstand als Rückzugsort und Gästehaus des Architekten mitten im dichten Grün der zu Puerto Rico gehörenden Karibikinsel Vieques. Aufgrund seiner Lage in einem Erdbebengebiet sowie einer stets gegenwärtigen Gefahr auftretender Hurrikane entwarf der Architekt eine solide Grundkonstruktion und wählte entsprechende Baumaterialien. Der ästhetische Minimalismus und die herb-schöne Schlichtheit der massiven Konstruktion aus teils verstärktem Sichtbeton bestimmt innen wie außen das Gesamtkonzept. Wichtig war den Bauherren die Öffnung zur Natur, die sie mit weiträumigen Terrassen und unverglasten Fenstern erreichten. Trotz aller Offenheit bietet die Architektur auch private Nischen, wie zum Beispiel die Schlafräume.

The discreet gray of the concrete take a back seat in the hues of the natural
surroundings, such as the azure of the sky and the green of the vegetation. Its
tonality matches that of the surrounding rocks.

En parfaite harmonie avec la couleur de la roche, le gris décent du béton se
fait discret face aux couleurs de la nature environnante, comme le bleu du ciel
et le vert de la végétation.

Das dezente Grau des Betons nimmt sich gegenüber den Farben der umgebenden Natur, wie dem Blau des Himmels und dem Grün der Vegetation,
zurück. In seiner Tonalität stimmt er mit dem Felsgestein überein.

Nature penetrates an environment created by the hands of man: Palm trees
sprout from the ground, accentuating the otherwise ascetic surroundings.

La nature envahit la surface créée par l'homme : des palmiers poussent dans
le sol et mettent en valeur cet environnement à l'apparence ascétique.

Die Natur durchbricht das von Menschenhand geformte Areal: Palmen
sprießen aus dem Boden und setzen Akzente in der asketisch anmutenden
Umgebung.

The swimming pool offers as much of an opportunity to cool off as it does to keep out intruders—much like a moat.

La piscine invite à la détente, tout en protégeant, telle une douve, la maison des visiteurs indésirables.

Der Swimmingpool lädt zum Entspannen ein, gleichzeitig schützt er wie ein Wassergraben vor Eindringlingen.

Even inside, the austerity of the architecture is maintained, save for a few decorative accents. Tables and sideboards—made of concrete, too—appear to be sculpted out of the building.

À l'intérieur également, le caractère brut de l'architecture n'est allégé que par des éléments créatifs minimes. Les tables et les buffets, en béton également, semblent avoir été modelés dans la structure de base.

Auch im Inneren wird die Rohheit der Architektur nur durch minimale gestalterische Akzente aufgelockert. Tische und Anrichten – ebenfalls aus Beton – scheinen aus der Struktur modelliert zu sein.

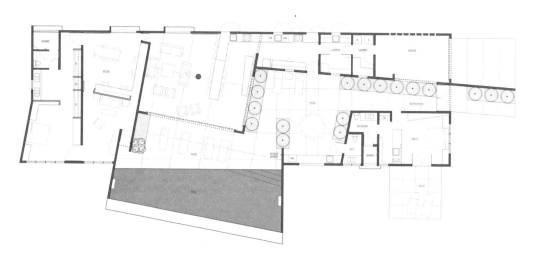

Plan Plan Grundriss

The flat roof provides ample room for setting up and securing the lightweight solar modules along with the collectors.

Le toit plat offre suffisamment d'espace pour disposer des capteurs ainsi que des modules solaires légers fixés sur le toit.

Das flache Dach bietet genug Raum zum Aufständern der leichtgewichtigen, im Dach verankerten Solarmodule sowie der Kollektoren.

green facts

The choice of materials and the design of the house are tailored to the prevailing climate. For instance, the architect chose the locations for the unglazed window and wall openings to make use of the ever-present trade winds as ventilation for his residence. He also opted for plastered concrete to minimize maintenance. Solar modules installed on the roof help generate energy while additional collectors supply hot water. Rainwater collected in a tank as well as filtered graywater serve to irrigate the banana trees and pineapple plants in the garden.

Le choix des matériaux et du mode de construction a été influencé par le climat prédominant. Ainsi, l'architecte utilise les vents alizés incessants en ayant placé à des endroits bien précis des ouvertures non vitrées pour les fenêtres et les murs en vue de rafraîchir l'édifice. D'autre part, la construction en béton crépi nécessite très peu d'entretien. L'énergie est obtenue au moyen de modules solaires installés sur le toit et des capteurs supplémentaires servent à produire l'eau chaude. L'eau de pluie est collectée dans une installation de récupération et l'eau grise est filtrée, ce qui permet d'arroser les jardins et leurs plantations typiques des Caraïbes comme les arbustes de bananes et d'ananas.

Die Wahl der Materialien und der Konstruktionsweise ist geprägt vom vorherrschenden Klima. So nutzt der Architekt durch die ausgewählte Platzierung unverglaster Fenster- und Maueröffnungen die ständigen Passatwinde zur Kühlung des Gebäudes. Außerdem ist die Konstruktion aus verputztem Beton äußerst wartungsarm. Mithilfe von auf dem Dach installierten Solarmodulen wird Energie gewonnen; zusätzliche Kollektoren dienen der Warmwasserbereitung. Mit dem in einer Auffanganlage gesammelten Regenwasser und dem gefilterten Grauwasser können die Gartenanlagen mit ihrer typisch karibischen Bepflanzung wie Bananen- und Ananas-Stauden bewässert werden.

glossary

Active solar energy: A) **Solar panels** turn the energy of the sun into heat, which is used to provide hot water. This type of system comprises **solar collectors**, an insulated water tank and a heat exchanger. Solar collectors can be installed on a roof or a veranda at an angle of 30° to 40° facing south. Sunlight heats the liquid flowing through the collectors. A circulation system sends the heated liquid to the heat exchanger in the tank, from which the heat is transferred to the water. B) **Photovoltaics**, on the other hand, take advantage of the physical process of converting sunlight directly into electricity by means of photovoltaic cells. A converter can then transform the resulting direct current (DC) into alternating current (AC), which is fed into the grid.

Geothermal heating is available everywhere and anytime. Thanks to new technology, it is considered a dependable energy source. Experts even regard it as the energy source of the future. Iceland is the current pioneer in this field, as it has plans to become independent of fossil fuels within 30 years by using geothermal technology. A cost-benefit analysis shows that private households should give careful consideration to installing **geothermal probes** and **heating pumps**. Geothermal probes extract heat from the ground. A condenser converts the heat into heating energy by means of a compressor. Heating pumps using this principle are able to use not just the waste heat of heating systems, but also the ambient heat from the groundwater, the air and the earth itself.

Green roofs provide areas for plants to grow and insects to live—covering large areas, they are also a cost-efficient way of protecting the environment and combating global warming. Green roofs range from extensive greening to rooftop terraces with fruit trees. Another advantage of green roofs is their insulating effect. Green roofs and solar panels are also by no means mutually exclusive—on the contrary: The cooling effect caused by evaporation in the summer supports the photovoltaic modules, which generate considerable amounts of electricity at low operating temperatures.

Low-energy houses are increasingly attracting the attention of building planners due to new laws and state-sponsored funding programs. There are differences between the **passive-house standard** and **zero-energy houses**. In the latter, the utilization of passive solar energy, solar panels and/or heating pumps minimizes heat loss or retains heat to the extent that additional heating is not necessary. Low-energy houses, on the other hand, do require a heating system, in addition to good thermal insulation and insulating glass. Their advantage is that a **low-energy-house standard** does not require major additional costs in the construction of new structures. The **Plus Energy House®**, a registered trademark of architect Rolf Disch, was developed from the passive house. Like a miniature power plant, this highly insulated structure, amply equipped with photovoltaic systems, produces more energy than it consumes.

Passive solar energy: Aligning and opening up a building to the south or southwest with a wall of glazing takes immediate advantage of the heat generated by sunlight.

Rainwater as well as **graywater** conserves precious drinking water. **Rainwater** is cleaned by means of a vortex filter before being collected in a storage tank (e.g., an earth tank). Thereafter it can serve as nonpotable water in households (e.g., for washing machines or toilets) and as garden irrigation. **Graywater**, i.e., water from bathtubs and kitchens, can be used in the same way once recycled—by means of a reed bed, for example. **Blackwater**, by contrast, is wastewater containing feces, whose clarification requires the installation of putrefaction or holding tanks before it can be subsequently purified and recycled. More than half of the drinking water consumed in private households could be substituted by recycled rainwater and/or by recycled water in general.

Sustainable silviculture: The Forest Stewardship Council (FSC) is an independent, nonprofit organization working on an international level to promote sustainable silviculture. Any timber bearing the "FSC" quality seal fulfills the criteria mandated by this organization. Companies are judged according to, among others, economic, ecological and social criteria. The FSC seeks to ensure that forests are utilized in an environmentally sound manner. Its objectives include combating complete deforestation and the use of biocides. The FSC also aims to keep deadwood in our forests, to maintain a high quality of wood, to provide further-education opportunities for the industry's workforce and to ensure that market demand is met. The European organization Programme for the Endorsement of Forest Certification Schemes (**PEFC**) pursues the same goals, but is to a certain extent a rival organization.

Treatment ponds, or wetparks, are considered a cost-efficient alternative to conventional water treatment plants, especially in rural communities. Wetparks make use of a soil filter with reed beds. Their mechanical pretreatment separates wastewater from sewage sludge. During the vital biological treatment, the wastewater flows through the ground, where bacteria absorb its pollutants. When clarified, the wastewater can seep into the subsoil or be used for irrigation.

glossaire

La **toiture végétalisée** est une solution à prix avantageux qui permet de recréer sur une surface libre un équilibre écologique pour les plantes et les insectes. Cette méthode contribue à la protection de l'environnement et du climat. La gamme de possibilités s'étend de la végétalisation extensive, nécessitant peu d'entretien, aux vergers sur le toit. Le propriétaire de la maison bénéficie ainsi également d'une isolation supplémentaire. La verdure et l'énergie solaire ne s'excluent pas mutuellement sur le toit, bien au contraire : l'effet rafraîchissant de l'évaporation en été aide les modules photovoltaïques qui s'avèrent particulièrement performants lorsque la température de service est peu élevée.

Les nouveaux amendements de lois et les subventions rendent les **maisons à faible consommation d'énergie** de plus en plus intéressantes pour les maîtres d'ouvrage. Il existe la **norme « maison passive »** ou **maison « zéro énergie »**, qui limite les pertes de chaleur ou accumule tant de chaleur avec l'isolation, l'utilisation passive de l'énergie solaire, les installations solaires et/ou les pompes à chaleur qu'aucun système de chauffage supplémentaire n'est nécessaire. En revanche, pour la maison à faible consommation d'énergie, un dispositif de chauffage est utilisé parallèlement à l'isolation thermique et au verre de catathermique. Mais la norme **« maison à faible consommation d'énergie »** est réalisable dans les bâtiments neufs sans frais supplémentaires particuliers. La **« Plusenergiehaus® »** (maison à énergie positive), une marque déposée par l'architecte Rolf Disch, est une version perfectionnée de la maison passive. Telle une petite centrale électrique, le bâtiment hautement isolé et équipé de multiples installations photovoltaïques produit plus d'électricité qu'il n'en consomme.

La géothermie (ou la chaleur du sous-sol) est disponible partout et en permanence. Grâce aux nouvelles technologies, elle procure de l'énergie de manière fiable. Les spécialistes voient même en elle la source énergétique du futur. Le pays précurseur est actuellement l'Islande,

dont l'objectif est de devenir indépendant des combustibles fossiles dans 30 ans grâce à l'utilisation de la géothermie. Après une analyse des coûts et des bénéfices, les foyers privés doivent réfléchir à l'installation de **sondes géothermiques** et d'une **pompe à chaleur**. Les sondes géothermiques extraient la chaleur du sous-sol qui est ensuite transformée en chaleur thermique dans un condensateur à l'aide d'un compresseur. Parallèlement à la chaleur résiduelle des installations, les pompes à chaleur fonctionnant ainsi peuvent également exploiter la chaleur environnementale des nappes phréatiques, de l'air et de la terre.

Exploitation forestière durable : Le Forest Stewardship Council (FSC) est une organisation indépendante d'intérêt public qui promeut l'**exploitation forestière** durable sur le plan international. Le bois certifié « FSC » répond aux critères de qualité définis par l'organisation, lesquels prennent en compte les aspects économiques, écologiques et sociaux des exploitations forestières. Le FSC a diverses exigences : les entreprises doivent exploiter le peuplement forestier de manière écologique en évitant les coupes à blanc et l'utilisation de biocides, laisser le bois mort dans la forêt, produire du bois haut de gamme, alimenter durablement le marché. Par ailleurs, leur personnel doit suivre des formations régulières. L'organisation européenne **PEFC** (Programme for the Endorsement of Forest Certification Schemes) poursuit les mêmes objectifs, mais est un concurrent de FSC.

Les stations d'épuration végétales sont considérées, principalement dans les régions rurales, comme une alternative avantageuse, en termes de coûts, aux stations d'épuration traditionnelles. Elles fonctionnent avec un filtre par le sol doté de différents types de roseaux. Pour le prétraitement mécanique, les eaux usées sont séparées des boues d'épuration. Lors du traitement biologique principal, les eaux usées traversent le dépôt. Les bactéries éliminent les polluants. Les eaux usées purifiées peuvent s'infiltrer dans le sous-sol ou être utilisées pour l'arrosage.

L'utilisation de **l'eau de pluie** et de **l'eau grise** permet d'économiser de l'eau potable, bien précieux et rare. À l'aide d'un filtre tourbillonnaire, l'eau de pluie est assainie avant d'entrer dans la citerne (par ex. enterrée) et peut ensuite être utilisée dans la maison comme eau à usage domestique (par ex. pour la machine à laver ou la chasse d'eau) et pour l'irrigation du jardin. **L'eau grise**, c'est-à-dire les eaux usées provenant des douches et de la cuisine, peut être réutilisée de la même façon après recyclage, par exemple dans une station d'épuration végétale. **L'eau noire**, soit les eaux usées contenant des matières fécales, requiert l'installation de fosses de décomposition ou de sédimentation avant de pouvoir être assainie et recyclée. Au total, plus de la moitié de l'eau potable utilisée dans les foyers privés pourrait être remplacée par de l'eau de pluie traitée et/ou de l'eau recyclée.

Exploitation de l'énergie solaire, active : A) La mise en place **de systèmes solaires** permet d'utiliser l'énergie solaire pour produire de l'eau chaude. Ce type d'installation est composé de **capteurs solaires**, d'un accumulateur de chaleur isolé et d'un système de conduites. Les capteurs solaires peuvent être posés dans un angle d'inclinaison de 30° à 40° en direction du sud sur le toit ou la véranda. Les rayons du soleil réchauffent le liquide qui passe à travers le capteur. À l'aide d'un circulateur, le liquide réchauffé est conduit dans l'échangeur thermique du ballon solaire, chauffant ainsi l'eau contenue dans le réservoir. B) En revanche, **les installations photovoltaïques** transforment directement les rayons du soleil en énergie électrique au cours d'un processus physique à l'aide de cellules photovoltaïques. Le courant continu ainsi créé peut être transformé en courant alternatif à l'aide d'un onduleur et introduit dans le réseau.

Exploitation de l'énergie solaire, passive : En cas d'ouverture et d'orientation sud ou sud-ouest du bâtiment, les rayons directs du soleil peuvent être utilisés pour chauffer l'édifice.

glossar

Dachbegrünung bietet ökologische Ausgleichsflächen für Pflanzen und Insekten – ein flächenutzender, kostengünstiger Beitrag zum Umwelt- und Klimaschutz. Die Palette reicht von pflegearmen Extensivbegrünungen bis hin zu Obstgärten auf dem Dach. Weitere Vorteile für den Hausbesitzer liegen in der Dämmwirkung. Auch Begrünung und Solarstrom auf dem Dach schließen einander keinesfalls aus – ganz im Gegenteil: Die kühlende Wirkung der Verdunstung im Sommer unterstützt die Photovoltaikmodule, die bei geringen Betriebstemperaturen besonders viel Strom erzeugen.

Energiesparhäuser werden durch neue Gesetzesauflagen und Förderungen immer interessanter für Bauherren. Man unterscheidet zwischen dem **Passivhausstandard** bzw. **Nullenergiehaus**, das mit Hilfe von Dämmung, passiver Solarnutzung, Solaranlage und / oder Wärmepumpe die Wärmeverluste so minimiert bzw. Wärme so speichert, dass eine zusätzliche Heizung nicht mehr notwendig ist. Beim **Niedrigenergiehaus** hingegen wird neben Wärmedämmung und Wärmeschutzglas sehr wohl eine Heizungsanlage eingesetzt – allerdings ist der Niedrigenergiehausstandard ohne große Mehrkosten beim Neubau erreichbar. Das **Plusenergiehaus®**, eine geschützte Marke des Architekten Rolf Disch, gilt als Weiterentwicklung des Passivhauses. Wie ein kleines Kraftwerk produziert das hochgedämmte und großzügig mit Photovoltaikanlagen ausgestattete Gebäude mehr Strom, als es selbst verbraucht.

Geothermie bzw. Erdwärme ist immer und überall verfügbar. Dank neuer Technologien gilt sie daher als verlässlicher Energielieferant. Experten sehen in ihr sogar die Energiequelle der Zukunft. Vorreiter ist zurzeit Island, das in 30 Jahren dank Erdwärmenutzung unabhängig von fossilen Brennstoffen sein will. Private Haushalte müssen nach einer Kosten-Nutzen-Analyse die Installation von **Erdsonden** und **Wärmepumpe** sorgfältig abwägen. Die Erdsonden entziehen dem Boden Wärme, die über einen Kondensator unter Mithilfe eines Kompressors in Heizwärme umgewandelt wird. So funktionierende Wärmepumpen können neben der Abwärme von Anlagen auch Umweltwärme aus dem Grundwasser, der Luft und dem Erdreich nutzen.

Nachhaltige Forstwirtschaft: Der Forest Stewardship Council (FSC) fördert als unabhängige, gemeinnützige Organisation auf internationaler Ebene die nachhaltige Forstwirtschaft. Holz mit dem „FSC"-Gütesiegel erfüllt die von der Organisation auferlegten Kriterien. Dabei werden ökonomische, ökologische und soziale Bereiche der Forstbetriebe beurteilt. So achtet der FSC u. a. darauf, dass der Baumbestand umweltschonend genutzt wird, indem Kahlschläge und der Einsatz von Bioziden vermieden werden, Totholz im Wald verbleibt, eine hohe Holzqualität erzeugt und das Personal stets weitergebildet wird sowie sichergestellt wird, dass der Markt dauerhaft versorgt werden kann. Die europäische Organisation **PEFC** (Programme for the Endorsement of Forest Certification Schemes) verfolgt die gleichen Ziele, verhält sich jedoch in Konkurrenz zum FSC.

Pflanzenkläranlagen gelten vor allem in ländlichen Gegenden als kostengünstige Alternative zu herkömmlichen Kläranlagen. Hier kommt ein mit Röhrichtarten bestückter Bodenfilter zum Einsatz. Bei der mechanischen Vorreinigung wird Abwasser von Klärschlamm getrennt. Für die biologische Hauptreinigung durchläuft das Abwasser den Bodenkörper. Bakterien bauen die Schmutzstoffe ab. Das geklärte Abwasser kann im Untergrund versickern oder zum Bewässern genutzt werden.

Regenwasser- sowie **Grauwasser**-Nutzung kann kostbares und knappes Trinkwasser sparen helfen. Mit einem Wirbelfilter wird das Regenwasser vor dem Tankeinlauf (z. B. in einen Erdtank) gereinigt, ehe es als Betriebswasser im Haus (z. B. für die Waschmaschine oder die Toilettenspülung) und zur Gartenbewässerung eingesetzt werden kann. **Grauwasser**, d.h. Brauchwasser aus Bad und Küche, kann nach einem Wasserrecycling – zum Beispiel mithilfe einer Pflanzenkläranlage – die gleiche Verwendung finden. **Schwarzwasser** hingegen ist fäkalienbelastetes Abwasser, dessen Klärung der Installation von Ausfaul- oder Absetzgruben bedarf, bevor es nachgereinigt und recycelt werden kann. Insgesamt könnte mehr als die Hälfte des in privaten Haushalten verbrauchten Trinkwassers durch aufbereitetes Regenwasser und / oder Wasserrecycling ersetzt werden.

Solarnutzung, aktiv: A) Durch die Installation von **Solaranlagen** kann Sonnenenergie für die Warmwasseraufbereitung genutzt werden. Eine solche Anlage besteht aus **Solarkollektoren**, einem gedämmten Wasserspeicher und einem Leitungssystem. Die Sonnenkollektoren können in einem Neigungswinkel von 30° bis 40° Richtung Süden auf Dach oder Veranda installiert werden. Sonnenstrahlen erwärmen die Flüssigkeit, die durch den Kollektor fließt. Mit einer Umwälzanlage gelangt die erwärmte Flüssigkeit zum Wärmetauscher im Solarspeicher, wo die Wärme an das Wasser im Speicher abgegeben wird. B) **Photovoltaische Anlagen** dagegen wandeln in einem physikalischen Prozess mithilfe photovoltaischer Zellen die Sonneneinstrahlung direkt in elektrische Energie um. Der so erzeugte Gleichstrom kann über einen Wechselrichter in Wechselstrom umgewandelt und ins Netz eingespeist werden.

Solarnutzung, passiv: Durch eine südliche oder südwestliche Ausrichtung und Öffnung des Gebäudes kann die Sonnenwärme durch die unmittelbare Einstrahlung genutzt werden.